L'ÉMANCIPATION

DE LA

RACE AFRICAINE.

IMPRIMERIE DE SCHNEIDER ET LANGRAND,
rue d'Erfurth, 1.

L'ÉMANCIPATION

DE LA

RACE AFRICAINE,

CONSIDÉRÉE

SOUS LE RAPPORT RELIGIEUX.

> « Hypocrites, c'est vraiment de vous qu'Isaïe a
> prophétisé, quand il dit. Ils m'honorent des lè-
> vres, mais leur cœur est bien éloigné de moi, et
> le culte qu'ils me rendent est vain et frivole. »
>
> Év. S. Matth., xvi, v. 7, 8 et 9.

Prix : 3 francs.

PARIS,

CHEZ DAUVIN ET FONTAINE, LIBRAIRES,

PASSAGE DES PANORAMAS.

1840

Dans la séance du Conseil colonial de la Martinique, du 1er novembre 1838, la crainte d'occuper trop longtemps la tribune m'a fait supprimer, lors de l'examen de la question d'émancipation des noirs, deux parties du discours que j'ai prononcé ; je les avais, à cette époque, jugées moins urgentes pour la défense des droits de mes compatriotes.

La première présentait cette discussion au point de vue religieux, et la dernière, au point de vue de la raison d'état et de la vraie politique que le passé, le présent et toutes les probabilités de l'avenir imposeraient à la France désabusée.

La publication de la partie relative à l'intérêt religieux est en quelque sorte devenue une exigence du moment, à cause de l'étrange subversion qu'on voudrait faire subir aux principes du christianisme, et surtout du catholicisme. Je l'offre ici telle qu'elle était préparée pour la séance du 1er novembre, en

y ajoutant seulement des notes et quelques mots rendus nécessaires par des circonstances postérieures. Quant à la seconde
partie, sa publication peut être encore différée.

HUC,
Conseiller colonial.

Prêcheur (Martinique), 15 janvier 1839.

EXAMEN

DE LA

PROPOSITION DE M. PASSY,

ET DU

RAPPORT DE M. DE RÉMUSAT,

SUR LE

Sort des Esclaves aux Colonies françaises.

DISCOURS DE M. HUC.

Indulgent et miséricordieux, le Christ ouvrit toujours les bras aux pécheurs les plus avérés. Pour eux les douces consolations, les paroles d'espérance et d'amour s'épanchèrent de ses lèvres divines. Il ne s'est jamais montré sévère que pour les *Pharisiens*, ne s'est fâché que contre ces orgueilleux hypocrites, n'a eu de sainte colère que contre ces hommes qui, *sans devoir, sans mission*, torturent leurs semblables, sous prétexte de les rendre vertueux à leur manière; n'a été inflexible que pour *ces corrupteurs des saintes Écritures*, que pour ces profanateurs de toute vérité et de toute vertu : « pour ceux-là seuls il cessa d'être patient, quoiqu'il soit « éternel. »

Il y aurait donc rigueur extrême, injustice souveraine à concevoir une pensée de blâme contre ceux d'entre les colons que le devoir appelle à la défense des droits de leurs concitoyens, si, devant dénoncer au monde les turpitudes de la nouvelle synagogue qui nous persécute, les noires combinaisons des scribes et des pharisiens de notre époque, les coupables tendances du moderne sanhédrin, ils ne pouvaient pas toujours maîtriser l'expression vraie de leur indignation.

Trois assertions principales forment le tissu du voile sous lequel les abolitionistes essaient de cacher les passions qui les dévorent et auxquelles ils veulent offrir en holocauste une population de cinquante mille Français. Soumise à la balance de la raison et de la vérité, cette population pèserait bien certainement plus qu'eux dans les intérêts de la morale universelle et dans l'intérêt bien compris de la commune patrie.

Ils ont dit que *l'institution coloniale était incompatible avec la constitution générale des sociétés humaines;* ils l'ont dit en présence des notions élémentaires de la science géographique qui leur montrait, actuellement en état de servitude, près des trois quarts de la population des deux mondes; ils l'ont dit en présence de trois millions d'esclaves africains existant aux États-Unis, terre classique de la philanthropie, berceau de la liberté, pays modèle, où tous les novateurs, sans considération de la différence des temps, des lieux, des choses et des hommes, vont puiser leurs inspirations subversives des organisations sociales de l'ancien monde. Ils ont dit encore que *notre constitution intérieure était une odieuse et perpétuelle violation de toutes les lois qui régissent les habitants de la terre;* ils l'ont dit, ayant sous les yeux la législation de la presque généralité des peuples civilisés, notamment celle de la France, depuis le règne de Louis XIII jusqu'au 24 avril 1833 inclusivement. Enfin, comme si l'audace de ces deux premiers mensonges n'attestait point assez, ou l'ignorance, ou l'impudeur, ou le dessein formé d'insulter aux lumières et à l'intelligence de la nation, dans une pièce officielle, dans un document d'apparat, ils ont osé déclarer *que notre état social, notre économie civile et politique étaient contraires à la religion.* RELIGION ! ce mot se trouve dans la bouche et sous la plume d'un abolitioniste ! abominable profanation !

Ainsi les missionnaires portugais établis sur les côtes d'Afrique en 1490, le vertueux Las-Casas, Charles-Quint, Louis XIII et tous les souverains comme tous les peuples du Portugal, de l'Espagne, de *l'Angleterre*, de la France, de la Hollande, du Danemark, de la Suède, étaient sans religion, n'étaient pas chrétiens lors de la fondation des colonies, lors du déplacement du théâtre de la servitude africaine !

Ainsi, leurs successeurs, depuis trois siècles, et nous, colons actuels, nous avons jusqu'à présent vécu sans avoir même soupçonné qu'il existât une religion, et surtout une religion chrétienne !

Ainsi avec un tribut d'admiration et de reconnaissance, le genre humain devrait encore aux abolitionistes un brevet spécial pour avoir inventé le christianisme et découvert de nos jours l'Évangile !

Sans trop présumer de la portée des efforts que nous venons de faire en commun, je crois que le Conseil a réduit à de justes proportions le mérite des deux premières assertions de nos ennemis. Ma tâche est maintenant d'appeler l'anathème sur la troisième.

Et d'abord, je dois faire remarquer qu'elle soulève nécessairement les questions suivantes :

1° Les abolitionistes qui parlent tant de religion, ont-ils une religion ?

2° Quelle est-elle ?

3° Justifie-t-elle la proposition et le rapport qui nous occupent ?

4° Dans tous les cas, peut-elle nous être imposée en présence des dispositions constitutionnelles qui nous garantissent la liberté de conscience ?

I

Si je m'adressais à d'autres qu'à vous, Messieurs, je devrais peut-être, sur la première de ces questions, remonter jusqu'à la fin du règne du grand roi, et retracer brièvement les principaux traits de l'histoire du philosophisme; mais vous la connaissez trop bien pour que je vous fasse subir la fatigue de l'entendre répéter une fois encore. Vous savez comment l'incommensurable et contagieuse vanité d'un homme poussé au délire par l'infatuation de sa propre science, fonda cet atelier de perversité connu sous le nom d'école encyclopédique. Vous savez que le but avoué de ce *pandemonium* était de détruire le christianisme, surtout d'*écraser* l'Église catholique qu'il avait stigmatisée de l'épithète d'*infâme*. Vous savez que ses moyens, qui furent d'abord le dénigrement, le ridicule et *la calomnie* systématisés, se traduisirent plus tard par *la spoliation*, la déportation, les fusillades, les mitraillades et la guillotine en permanence.

Vous savez qu'il employa plus de quatre-vingts ans à la poursuite du triomphe que, pour le plus sévère châtiment du plus grand nombre de ses coryphées, la colère céleste sembla lui accorder pendant les dix années de la fin du siècle dernier. Vous vous rappelez que cette espèce de triomphe est principalement marquée du chiffre infernal 93, et qu'avec le siècle où nous sommes, commença la chute contre laquelle les abolitionistes s'efforcent de protester aujourd'hui, chute qui pourtant ne sera ni moins sûre ni moins complète, car « le ciel et « la terre passeront, mais les paroles divines ne passeront « point. »

Lors donc qu'apparut « celui que la Providence en- « voya dans sa munificence, et quand elle fut fatiguée « de punir, » lorsque le bras puissant du nouveau Cyrus eut en même temps terrassé l'ennemi étranger, le philo-sophisme et l'hydre révolutionnaire qui lui est consub-stantielle, les *illustres philosophes* et leurs adeptes les *grands citoyens* s'empressèrent de se cacher dans les ré-duits les plus obscurs; les uns parce qu'ils n'eurent jamais le courage de propager leurs utopies que devant un pouvoir inintelligent ou débile, les autres parce qu'ils ne retrouvèrent leur langue qu'au bruit du bélier frap-pant les murs de la cité, et leur fougue tribunitienne qu'aux jours de deuil de la patrie, pour sceller du sceau de leur infamie la honte de ses défaites.

Mais si les uns et les autres s'enfouirent sous le sol français, leur esprit passa le détroit; il s'implantait ainsi sur une véritable terre de promission. Quelles favorables prédispositions à l'efficacité de la propagande rationa-liste n'offrait point, en effet, un peuple depuis trois siècles livré au dévergondage d'une anarchie morale ailleurs inconnue, et dont la prétendue religion nationale, formulée comme principe politique en trente-neuf articles, figure confondue parmi les divers chapitres de la constitution, et peut se placer indifféremment entre celui qui règle le droit royal sur l'excise et celui qui limite l'effectif de l'armée! Toutefois l'horreur générale qu'avaient inspirée les meurtrières saturnales de nos réformateurs fut l'occasion d'un *improvement* pour les rationalistes anglais.

Ils remarquèrent que toutes les attaques, tant morales que matérielles, dirigées à visage découvert et de front contre le christianisme, quelque violentes et persévérantes qu'aient été les premières, quelque brutales et sanglantes qu'eussent été les dernières, ou n'avaient pas réussi, ou n'avaient eu qu'un succès éphémère; qu'il n'en était resté qu'une opposition vague, sourde, indifférente, et tellement honteuse d'elle-même qu'à peine ses principaux fauteurs pouvaient souffrir qu'on leur donnât le nom d'esprits forts.

Les rationalistes remarquèrent encore que le plus grand obstacle qu'avaient rencontré leurs devanciers, était *la foi en la révélation,* parce que cette révélation avait des preuves éclatantes, vivantes et sensibles qu'avant tout il fallait songer à détruire.

De ces judicieuses observations, ils conclurent que c'était contre ces preuves de la révélation qu'il fallait combiner leurs efforts, non plus à la manière brutale de la Convention, non plus à la manière trop visiblement mensongère des théophilanthropes, mais par une méthode particulière et toute nouvelle. Cette méthode devait principalement consister à se servir des matériaux mêmes de l'édifice pour en saper la base, à employer les apparences du christianisme pour en faire évanouir la réalité.

Le succès d'un pareil projet exigeait que, tout en ajoutant ostensiblement une secte de plus aux deux cent dix-sept sectes déjà sorties alors de la réforme, on s'écartât le plus possible de celle-ci, parce que, dirent les rationalistes, s'il est vrai que le protestantisme, toujours imprégné du principe révolutionnaire auquel il doit sa naissance, peut se présenter sous autant de formes qu'il y a de cervelles humaines ; s'il est vrai qu'il ait été jusqu'à présent utile au progrès des lumières par le droit de libre examen et de jugement privé qu'il consacre ; s'il est vrai, enfin, qu'il puisse toujours servir de moyen transitoire entre *la stupide tyrannie de la foi et l'influence heureuse de la raison,* il n'en est pas moins vrai aussi qu'aucune des deux cent dix-sept modifications qu'il a subies n'admet les théories de Grégoire et de Robespierre sur l'esclavage africain qui est la plus flagrante, la plus décisive des preuves qu'il s'agit d'anéantir ; qu'au contraire, plus servilement attachées à la lettre des saintes Écritures, ces deux cent dix-sept sortes de protestants, prenant la Genèse, l'Exode et l'Ecclésiaste pour règles, ont toujours été et sont encore des maîtres beaucoup plus exigeants que les catholiques.

Ces considérations décidèrent l'adoption du plan suivant :

Se montrer au monde sous l'aspect de zélateurs des vérités de la sainte Écriture. — En répandre partout des exemplaires avec une profusion au moins égale à leur rareté antérieure, en les tronquant et en les falsifiant. — S'attacher à propager les principes qui résulteraient de ces falsifications et de ces suppressions, employer sans choix et sans répugnance, mais en les couvrant d'une ap-

parence religieuse, tous les moyens qu'offriraient les
événements, *excepté les violences sanguinaires des rationalistes français.* — S'introduire furtivement sur les bancs
de la législature, pouvoir qui avait créé la *glorious es-
tablished church*, et qui dès lors pouvait la remplacer
par tout ce qui serait plus tard jugé convenable. —
Corrompre cette législature, la dominer en créant dans
son propre sein un pouvoir au-dessus d'elle ; et par des
actes qui lui seraient dictés, revêtir des formes extérieures de la légalité tous les genres d'excès auxquels il pouvait devenir utile de se livrer dans l'intérêt de la secte.—
Enfin sur l'ensemble cheminer doucement, mais constam-
ment, avec prudence, ordre, méthode et surtout avec
dissimulation profonde du but auquel on voulait atteindre.
S'il y avait là de moins la guillotine, il y avait de plus
quelque chose de pis, l'*hypocritisme.*

Ce plan détermina les dénominations occultes et osten-
sibles que se donnèrent les auteurs. Entre eux ils sont
New-Stenerancy, pour le vulgaire ils sont *méthodistes,* et
cette qualification, qui n'est pas moins significative, exige
pourtant quelques explications.

Il y eut des sectaires du nom de méthodistes en Angleterre dès le temps de Cromwell; c'étaient des contro-
versistes catholiques. En 1729, John et Charles Wesley
fondèrent une secte à laquelle on donna ce nom de méthodistes par dérision de ses pratiques, nom qu'elle accepta.
Cette secte à laquelle s'agrégea, en 1735, George Whitefield, ne fit d'abord de prosélytes que « dans les classes
« inférieures abruties au moral comme au physique par
« l'excès de la misère et les dédains de l'opulence. » Elle
ne dut l'existence lentement progressive qu'elle eut jusqu'en 1800, qu'au soin qu'eut Whitefield de se donner

l'appui obligé de toute fondation de secte, celui des femmes et surtout des femmes de haut parage [1]. Lady Huntingdon et lady Erskine furent les premières séduites et les premières à s'associer aux extravagances des méthodistes.

Cette secte ne comptait encore que peu d'années d'existence lorsqu'elle se partagea en deux branches : celle de Whitefield et celle de Wesley. De part et d'autre elles se dirent force injures et s'accusèrent d'hétérodoxie. Plus tard les Wesleyens se divisèrent en quatre autres branches : les Inglamites, les Brianites, les Kilhamistes et la *New-Stenerancy*. C'est dans cette dernière que se forme la réunion de la plus grande partie des rationalistes anglais [2].

Aussitôt cette réunion opérée, d'innombrables cadres d'association se répandirent sur les trois royaumes et les enlacèrent comme d'un réseau. La presse quotidienne et périodique fut envahie par les productions ascétiques les plus exaltées. Les *camp-meetings* ne retentirent que de

[1] « Une tactique toujours suivie par les chefs de sectes fut « de capter l'adhésion des femmes à leur parti, et surtout des « femmes distinguées par l'activité, les talents, les richesses, et « le rang que la loi ou *le préjugé* leur assignait dans la société. »
« .....A Antioche de Pisidée les Juifs ameutent des dévotes de « qualité contre saint Paul et saint Barnabé pour les faire chasser « du pays. *Dès sa naissance l'Église eut à combattre des fanatiques,* « *qui, avec des femmelettes égarées, s'efforçaient de corrompre les vé-* « *rités évangéliques.* »
(GRÉGOIRE, Sec. rel., t. 2., p. 21 et 22.)

[2] Le reste, ne voulant rien devoir à l'hypocritisme, entra dans la secte des *Unitaires* qui, l'Évangile à la main, proclama ouvertement les doctrines de *Socinius.* Cette secte est déjà établie en Amérique, où elle donna, à Bunterhill, une fête célèbre à laquelle prit part *l'illustre Lafayette.*

la prédication du nouvel évangile ; mais, au milieu de tout ce fracas, rien n'annonçait le succès de sa propagation. Il y a même tout lieu de penser qu'il eût succombé sous le poids de l'indifférence publique et des soupçons du gouvernement, sans l'intervention de l'un des intérêts les plus exigeants et les plus égoïstes de tous ceux qui existent dans les sociétés modernes. Cet intérêt était celui de la compagnie des Indes orientales.

Déjà cette compagnie croyait souffrir de la concurrence des planteurs des grandes et petites Antilles. Elle redoutait, sans doute outre mesure, leur prospérité à venir, qu'elle supposait ne pouvoir s'accroître qu'à ses dépens. Les dimensions du *West-India Dock* l'effrayaient par l'étendue des espérances qu'elles paraissaient manifester. C'était, dans son opinion, une condition essentielle de son existence, que de rendre impossible tout progrès ultérieur des cultures dans les colonies occidentales, et, pour arriver à cette fin, l'abolition de la traite lui semblait un moyen sûr, et le seul, d'ailleurs, qui parût alors admissible. Or, cette abolition était une des premières vues des rationalistes. Il fallait donc clandestinement s'inféoder leurs sociétés, leur fournir tous les moyens d'influence qui leur manquaient encore, les grandir dans l'opinion, et surtout leur ouvrir les portes de la représentation du pays : tout cela fut fait [1].

L'agrégation de l'intérêt indien à l'intérêt rationaliste produisit en 1807 le fruit qu'on s'en était promis : la traite fut abolie.

[1] Les comptes des dépenses imprévues et les listes d'actionnaires de l'*East-India Company* donneront un jour le tarif des convictions des Wilberforce, des Clarkson, Buxton et autres séides des Nababs.

De là à la destruction de la société coloniale et à la spo-liation de sa fortune, il y avait si loin, que personne n'y songeait, pas même Wilberforce, ce machiavéliste in-carné.

Arriva 1815. Le triomphe de l'Angleterre, plus grand qu'elle n'avait osé l'espérer, allait l'accabler de son poids. Jusqu'alors elle avait trouvé dans la crainte de la propa-gation des principes révolutionnaires de la république [1], et dans l'ambition, prétendue sans limites, du génie qui gouvernait l'empire, des prétextes plausibles pour ces guerres incessantes et acharnées, pendant lesquelles ses commerçants s'étaient faits les fournisseurs et les facteurs du monde entier. Ce prétexte était détruit. La France vaincue, humiliée, occupée par les armées étrangères, ne pouvait plus, en parlant de marine, commerce et colo-nies, mériter le reproche de prétendre à la monarchie uni-verselle. Le soi-disant équilibre de l'Europe était rétabli. Chaque peuple allait désormais tout demander à sa propre industrie. Cinq nouvelles marines allaient, en sillonnant les mers, entrer en partage du monopole que l'Angleterre avait exploité pendant un quart de siècle, et auquel, par cela même, il ne lui était plus possible de renoncer sans marcher vers une prochaine décadence. Il fallait donc pourvoir à toutes ces conséquences de la paix qui venait de se conclure.

Les hommes d'état de la Grande-Bretagne, toujours libres du côté de la conscience, ne furent pas au-dessous de leur devoir envers le grand intérêt matériel de leur pays.

---

[1] Principes qui, depuis le 18 brumaire, n'avaient d'existence dangereuse qu'en Angleterre même.

Ils ne se bornèrent pas au regret stérile d'avoir été contraints par leurs alliés de laisser quelques colonies aux nations maritimes ; ils eurent encore le soin d'insérer dans tous les traités des conditions qui devaient, dans un temps donné, amener la ruine de ces quelques colonies qui leur devenaient nuisibles, dès qu'elles ne leur appartenaient plus. Ils ne s'arrêtèrent pas là ; peu de temps après, ils adoptèrent le programme Canning.

Ce programme était simple et paraissait sûr :

Révolutionner les possessions espagnoles et portugaises de l'Amérique méridionale, leur fournir les moyens d'entretenir des guerres interminables contre leurs métropoles ;

S'emparer par là du commerce exclusif de la moitié du Nouveau-Monde ;

Constitutionnaliser en même temps les métropoles, les agiter et les occuper chez elles, de manière à les empêcher de sauver leurs colonies et de penser à leurs marines ;

Intervenir dans les collisions que ces constitutions improvisées ne pouvaient manquer de faire naître chez des peuples loin encore d'en éprouver généralement le besoin ;

Profiter de ces interventions pour abroger d'autorité toutes les lois de douanes ;

Faire suivre les vaisseaux et soldats intervenants d'une nuée de colporteurs qui en quelques jours inonderaient tous les marchés des produits manufacturés de la Grande-Bretagne ;

Exciter la division entre les états du Nord et ceux du Sud de l'Union américaine ;

Provoquer l'insurrection des trois millions d'esclaves existant aux Etats-Unis ;

Arrêter par ce double moyen l'essor d'une prospérité fabuleuse et la concurrence d'une marine marchande dont l'accroissement devenait gigantesque ;

Détruire, par l'émancipation des esclaves, toutes les colonies de l'archipel occidental, afin de rendre impossible toute autre marine que celle de l'Angleterre ;

Ressaisir ainsi, sans guerres directes et sans ajouter vingt autres milliards à la dette nationale, le monopole définitif du commerce universel, et s'assurer irrévocablement la suprématie maritime à laquelle est attachée l'existence britannique.

L'exécution de ce vaste programme, en ce qui concernait les États-Unis et les Antilles, exigeait évidemment l'emploi du rationalisme méthodiste.

Il fut chargé : 1° de disposer les colons anglais aux sacrifices qui leur seraient demandés au nom de la patrie, et, par précaution, de préparer l'opinion publique à souffrir qu'il leur fût fait violence, s'ils résistaient aux exigences de la politique ; 2° de semer la dissension parmi les citoyens des États-Unis, d'insurger, surtout, les esclaves du Sud et les populations des Florides, alors abandonnées ; 3° de réveiller et de populariser parmi nous les idées rationalistes, en surexcitant et exploitant cette manie d'imitation qui nous a été si funeste, de conduire ainsi la France, sans qu'elle s'en aperçût, à briser de ses propres mains les plus précieux éléments de sa prospérité, de sa force et de son indépendance.

De ce moment le rationalisme devint une puissance colossale qui se composait de celle de chacun des intérêts qui se résumaient en lui. Tout lui fut permis, tout lui fut possible.

Il produisit d'abord chez les Anglais, eux-mêmes, cet

enthousiasme religieux, cette ardeur de prosélytisme dont ils sont maintenant dominés, et dont on ne trouvait d'exemple, ni dans leur propre histoire, ni dans celle d'aucun peuple.

Les effets en furent d'autant plus grands et plus rapides, qu'ils offraient de fréquentes occasions de complaire à l'orgueil national : chaque traité qui imposait, à celui-ci l'abolition de la traite, à celui-là l'émancipation de ses esclaves, était un monument élevé à la gloire des trois royaumes, et un témoignage vivant de l'asservissement de ceux qui se laissaient ainsi dicter chez eux les lois de leur régime intérieur.

Toutefois, il faut le dire, les premières tentatives des méthodistes aux Antilles anglaises ne furent pas très-heureuses ; leurs temples furent brûlés et leurs missionnaires honteusement expulsés. Il en fut ainsi à Demerary, où l'un de ces missionnaires dut être condamné à mort.

Pour les faire admettre de nouveau, le gouvernement fut obligé d'employer son action ostensible, et surtout d'initier les plus influents des colons aux mystères de sa politique [1]. A l'aide de ces moyens et moitié par entraînement de patriotisme, moitié par surprise et par ruse, les colons furent amenés à souffrir la spoliation de leurs for-

[1] Les colons anglais n'ont souffert leur asservissement politique et religieux, n'ont souffert que des Africains légalement esclaves fussent traités en hommes libres, en citoyens anglais, alors qu'eux, colons, citoyens libres de la Grande-Bretagne, étaient plus brutalement traités que les Africains ne se traitent entre eux, qu'en raison de cette initiation.

Leur soumission à l'abolition n'est qu'un sacrifice, fait non point *à la force*, non point *aux lumières* de leur métropole, mais à la raison d'état et au grand intérêt de sa suprématie maritime ;

tunes, sous la condition d'une indemnité qu'on sut, depuis, rendre illusoire, et sous le prétexte de laquelle le parlement impérial crut pouvoir consommer l'acte du despotisme révolutionnaire le plus inique, le plus révoltant dont l'histoire conserve le souvenir.

Longtemps avant cet acte et pendant qu'on y travaillait, les méthodistes s'étaient mis en devoir de remplir les deux autres points de leur tâche; mais aux États-Unis leurs jongleries furent appréciées à leur juste valeur, et tous leurs efforts vinrent se briser contre la véritable intelligence des principes de la religion chrétienne, de la liberté et du droit social fondé sur la propriété. Ils ne trouvèrent pas plus de Caïns dans le Nord que de Spartacus dans le Midi, et leurs missionnaires ne laissèrent qu'aux arbres des forêts les traces de leur passage sur une terre qu'ils venaient livrer à la désolation et à la dévastation.

Heureuses les populations auxquelles on ne peut pas ravir les droits de légitime défense! Ce droit fut bien compris par le congrès lorsqu'il s'empara des Florides, où les méthodistes, échappés des États de l'Union, formaient le nouvel arsenal de leurs machines incendiaires.

Plus favorisé en France, où, quelques vingt ans auparavant, il avait fait brûler l'encens devant la déesse Raison, la déesse Nature et presque devant le dieu Marat, le rationalisme n'eut qu'à reparaître pour être accueilli en enfant retrouvé.

Puissant déjà par les forces réunies du triple intérêt

s'il n'en eût pas été ainsi, qu'on le sache et qu'on le croie bien, le drapeau de l'Union, avec une étoile de plus, eût flotté sur la Jamaïque, et le *labarum* moscovite sur l'Archipel dès l'époque où les méthodistes furent chassés des îles anglaises pour la première fois.

qu'il représentait, il devait, comme le géant de la fable, les décupler par le contact de sa terre natale. Les rangs de ses adeptes devaient instinctivement se grossir du *caput mortuum* de l'école voltairienne, de la vétérance du vieux libéralisme, et de toutes ces passions, honteuses d'elles-mêmes, que font naître et qu'exaltent les institutions politiques de notre époque.

Sur tous ces éléments de conflagration coalisés, l'hypocritisme puisé en Angleterre déployait les bannières de la morale et de la religion [1].

Cet hypocritisme exigeait en France une autre dénomination que celle de méthodiste, qui eût trop clairement montré quels desseins on voulait servir. Les mêmes motifs, qui avaient empêché les rationalistes anglais de conserver la qualification simple de protestant, s'opposaient à ce qu'on la conservât en France. On voulut pourtant s'en approcher assez pour tromper le vulgaire, et l'on se dit *protestants nouveaux*.

Sous cette dénomination parurent successivement les

---

[1] Il ne s'agissait pas encore de *betteraviers;* peu après ils devaient par leur accession élever le rationalisme à la quatrième puissance. Par cette accession, ils se sont montrés mauvais citoyens, concitoyens égoïstes, hommes sans entrailles, frères dénaturés ; mais, on ne peut le dissimuler, ils ont un intérêt matériel, appréciable à faire ce qu'ils font, à dire ce qu'ils disent. C'est un intérêt d'injustice et de mauvaise foi, il est vrai, mais il n'en existe pas moins. S'il ne se justifie pas, au moins il s'explique, et peut, jusqu'à un certain point, se comprendre par l'état moral de la société actuelle. Si la persévérance à faire triompher cet intérêt n'admet point la sensibilité de leur cœur, elle n'accuse pas l'état sanitaire de leur raison.

En peut-on dire autant des abolitionistes pur sang ? — non ; ils se sont placés dans l'alternative d'être considérés, ou comme aliénés d'esprit, ou comme vendus à l'Angleterre.

sociétés humanitaires, bibliques de la morale chrétienne, et enfin cette dite *Société française* pour l'abolition de l'esclavage [1], dont tous les membres, à l'envi les uns des autres, travaillèrent et travaillent encore à faire du spiritualisme, de l'ascétisme et de la mysticité sans religion, à fabriquer du christianisme sans le Christ, et de la morale évangélique sans l'Évangile, tout en invoquant l'un et l'autre.

Ce n'est pas que tous les abolitionistes soient inspirés des mêmes motifs, qu'ils soient tous imprégnés du même fanatisme et au même degré. On peut les ranger en trois catégories.

La première se compose de ces vaniteuses médiocrités qu'agite, au sein d'une *quasi-ochlocratie*, la fièvre, si étrangement épidémique, des distinctions, des honneurs et de la *famosité;* de ces hommes qui, détournant les yeux de leurs berceaux, veulent que l'or, quelle qu'en soit la source, puisse suppléer à tout, et *rêvent un état social où cet or soit une dignité*, et dans lequel tout soit nivelé, excepté leurs prétentions et leurs fortunes. L'inscription de leurs noms sur la liste d'une association quelconque, leur présence mentionnée aux procès-verbaux des séances, le prix d'assiduité et la médaille de plomb, pourraient presque suffire à ceux-là. On a parlé d'eux, ils sont fiers, ils se prélassent, se pavanent et sont heureux.

---

[1] Le mot *française* introduit dans ce titre n'est pas le trait le moins remarquable de l'histoire des abolitionistes. Se dire Français alors qu'on se réunit dans un but attentatoire au bien-être, à la fortune, à l'existence de 60,000 Français ! se dire Français quand on attente à la prospérité, à l'honneur, aux moyens de défense et de sûreté de la France ! se dire Français, quand de fait on trahit la France !

La seconde se compose de ces ambitieux que dévore la soif des richesses, des emplois publics et du pouvoir. L'assistance constante d'une association leur est aussi nécessaire que l'air qu'ils respirent. Elle leur prête son manteau ; leur donne des boules à la Chambre ; ourdit à leur profit les trames qui renversent les ministres dont ils convoitent les portefeuilles ; leur rend faciles les coalitions parlementaires et les manœuvres électorales né-cessaires à la conquête du pouvoir ; leur obtient la faculté d'imposer une association particulière à l'association com-mune, d'établir un gouvernement dans le gouvernement, une représentation dans la représentation nationale, un état dans l'état, et une religion dans toutes les religions qui s'y professent. Et ces hommes-là déclament sans cesse contre la mémoire des Jésuites, sans se rappeler, sans doute, que c'est à la demande de leurs devanciers que cet ordre fut détruit sous le prétexte qu'il était, par sa nature, contraire au droit social et attentatoire aux deux autorités spirituelle et temporelle, en ce qu'il tendait à fonder une société dans la société, un état dans l'état, et une religion dans la religion [1] ! Et ces

---

[1] Tous les hommes, dont l'esprit n'est pas prévenu, convien-nent que le jésuitisme est dans l'histoire humaine un phéno-mène dangereux qui n'est pas seulement concentré dans la société qui l'a produit, mais qui est répandu dans toute la chrétienté, chez les réformés comme ailleurs. Que celui qui n'a jamais médité sur les doctrines et qui doute encore de leur maligne influence, porte un regard sur les abolitionistes.

Les Jésuites formaient, dit-on, une société polyonyme et pseudonyme ; il en est de même des abolitionistes. Les Jésuites étaient en rébellion contre les lois ; c'est l'acte constant des abolitionistes. Les premiers étaient des deux sexes et de tout rang ; c'est l'histoire des derniers. Les premiers étaient des

hommes-là ont, pour la plupart, concouru aux lois de septembre, sans trouver aucune similitude entre la société française pour l'abolition de l'esclavage et celle des *Droits de l'Homme*, aucune identité entre leurs propositions, leurs développements, leurs rapports, leurs discours, et les diverses publications de l'*Homme libre* et du *Moniteur républicain*, aucune analogie entre la destruction d'une propriété et celle d'une autre propriété, toutes deux établies par les lois du même législateur!

La troisième catégorie d'abolitionistes se compose de ce qu'on nomme les *pur sang*; c'est le plus petit nombre. Ils ne connaissent de religion que ce que leur en ont appris le *Dictionnaire philosophique*, *les Ruines* et *le Citateur*. Sans trop savoir s'ils pouvaient se dire théistes, sociniens ou athées, ils étaient, avant le 18 brumaire, les acolytes de la Réveillère-Lépeaux, et baisaient le pan de sa robe blanche, quand il officiait pontificalement au temple de l'Être Suprême (Notre-Dame). Ceux-ci, en se frottant les mains de ce que les Juifs sont admis en Angleterre et en France à la jouissance des droits civils et politiques, attendent qu'il n'y ait plus d'esclaves africains aux Antilles pour demander où sont les preuves de la révélation, et chanter l'hymne de la victoire. Les insensés! ils ne veulent pas voir que l'émancipation politique de quelques milliers de Juifs dans l'Europe occidentale, les eût-elle confondus avec les nations adoptantes, ce qui n'a été nulle part, n'empêcherait pas ce qui résulte de la pré-

instruments passifs d'une domination étrangère; les derniers ont été créés dans ce but. Les premiers étaient de dévotieux bouffons, de merveilleux dramaturges, corrupteurs incorrigibles de la foi, idolâtres en Asie, puritains en Europe; ce sont là tous les traits auxquels on reconnaît les abolitionistes.

sence de cinq ou six millions d'autres Israélites éparpillés sur la surface du globe, et qui, restés depuis près de deux mille ans au milieu des autres nations, sans se confondre avec elles, ont traversé les siècles les plus barbares sans perdre leurs lumières, leurs mœurs, leurs autels, et surtout les livres renfermant l'arrêt, dont leur présence partout atteste partout l'incessante et irrésistible exécution[1].

Ils ne veulent pas voir que l'émancipation d'un million d'esclaves africains aux Indes occidentales n'affaiblit en rien le témoignage que continuent à rendre cent millions et plus d'autres Africains vivant en état de servitude sur leur terre natale; témoignage qui prouve la sagesse des vues *réellement* philanthropiques et religieuses de ceux qui pensèrent, il y a près de trois siècles, que le déplacement du théâtre de la servitude de cette population était la seule voie qui lui fût ouverte pour entrer en partage du mérite de la rédemption, et pour entrevoir la possibilité de l'affranchissement et de la civilisation ; ils ne veulent pas voir que, pour être conséquents avec eux-mêmes, aussitôt l'émancipation qu'ils demandent obtenue, ils devront solliciter le rétablissement de la traite et une nouvelle transplantation de l'esclavage aux colonies, pour jouir, soit par eux, soit par leurs successeurs,

---

[1] La société pour la conversion des Juifs dépense annuellement 350,000 francs. Elle a des missionnaires dans toutes les parties de l'Europe, et leurs travaux sont publiés dans le *Jewish expositor and friend of Israël.* Possédant des sommes considérables qu'elle emploie à payer des conversions, cette société trouve des hypocrites qui, pour un peu d'or, se soumettent à la cérémonie du baptême.

Jewish expositor, décembre 1825. N° 122.

du plaisir périodique de nouvelles émancipations. Autrement ils avoueraient que leur *négrophilisme* est aussi excentrique, aussi menteur que leur *philanthropisme*; ils ne veulent pas voir, enfin, que leur œuvre bornée aux seuls esclaves africains existant aux Antilles, ne sera jamais qu'une malencontreuse ébauche qui ne détruira pas plus les conséquences morales et religieuses de l'esclavage africain, que la dénomination de *ci–devant de couleur*, ridiculement empruntée du vocabulaire de 93, n'aura le pouvoir d'enlever à leurs futurs émancipés l'ébène de leur tissu cellulaire.

Prise isolément, chacune de ces catégories d'abolitionistes pourrait offrir une nuance différente dans ses vues; réunies, elles ont, en séides, servi l'intérêt qui a été la cause occasionnelle de la palingénésie du rationalisme en France. Nous l'avons dit, les dénominations extérieures seules les distinguent des méthodistes; comme eux, la Société biblique a presque couvert le monde de ses livres écourtés[1]; comme eux, la Société de la morale

[1] S'il faut en croire la *Revue des Deux-Mondes*, les œuvres de la Société biblique auraient pénétré dans la Cafrerie, à la Nouvelle-Zélande, chez les Babanutzies et les idolâtres de Lattaken, chez les Esquimaux et les Chippuvaux. On conçoit que là elles peuvent avoir tout le succès du mensonge qui vient de loin. Il existe trois mille cinq cents sociétés bibliques, françaises ou anglaises. En Angleterre seule les recettes pour l'œuvre biblique s'élevaient, en 1825, à près de deux millions sterling, et plus de cinq millions d'exemplaires, en cent quarante langues différentes des cinq parties du monde, ont été imprimés et distribués à cette époque. Quarante mille Bibles espagnoles étaient destinées à l'Amérique du sud; dix mille, en grec moderne, par Hillarion, s'imprimaient à Corfou; sept mille, en langue turque, devaient parvenir à Constantinople; trois mille, en langue d'Otahiti, étaient imprimées dans cette île même. Combien de misères et de malheurs

chrétienne a eu son comité pour l'abolition de la traite; comme eux, et en reproduisant à profusion tous les fruits de leurs presses, elle a établi en principe *que des sympathies spéciales, exclusives pour les nègres, devaient faire partie de l'éducation des blancs;* comme eux, elle a eu ses lady Huntingdon, ses lady Erskine et son synode féminin; comme eux, elle a subventionné les arts et l'industrie pour propager et rendre touchantes les fictions dont elle payait ses dupes [1]; comme eux, non contente d'avoir exigé l'exécution du traité de Paris, elle a demandé que la traite fût assimilée au crime de piraterie; comme eux, après ce résultat obtenu, elle s'est formée en société

on aurait effacés de la terre avec les sommes ainsi employées à satisfaire les vues ambitieuses de quelques intrigants! Les sociétés bibliques, avant-gardes exercées du rationalisme, avaient pénétré en Russie; elles en ont été chassées en octobre 1824.

[1] Elle avait fait traduire le magasin de *l'Ecole du dimanche,* où se trouve une gravure qu'elle a fait lithographier. Cette gravure représentait un petit nègre qui était fustigé; au bas il y avait un dialogue pathétique entre une mère et son fils, qui s'attendrissait sur le sort de l'Africain. Le tout était suivi des réflexions suivantes: «Qui ne serait attendri par ces leçons d'humanité données à l'enfance?» « En Angleterre la compassion « pour les esclaves noirs *fait partie de l'éducation publique.* C'est « un résultat bien doux des philanthropiques travaux des Clark- « son, des Wilberforce et des *Grégoire.* » Qu'aurait dit l'auteur de ces réflexions, si la gravure eût représenté un soldat attaché sur les trois hallebardes, ou un matelot sur la culasse d'un canon, recevant cinq ou six cents *lashes?* Qu'aurait-il dit surtout en réponse à la question : pourquoi pareille gravure n'avait jamais été faite, et pourquoi la compassion pour les matelots et les soldats ne faisait point partie de l'éducation en Angleterre? Peut-être eût-il répondu que c'était parce qu'ils étaient blancs.

française pour l'abolition de l'esclavage; comme eux, enfin, cette société a tellement assuré la suprématie de l'intérêt anglais, que le duc de Glocester dut en complimenter un dé ses membres. Les abolitionistes n'ont différé des méthodistes que par la manifestation d'une haine plus profonde contre les colons et contre toute colonisation ; par des outrages et des calomnies qui seuls eussent suffi à les démasquer, s'ils n'avaient eu le soin d'interdire toutes voies de défense aux malheureux habitants des colonies.

On m'objectera peut-être ici qu'il résulterait de ce que je viens de constater, que la société abolitioniste est presque en état flagrant de haute trahison, et que pourtant elle compte dans son sein des hommes qui se croient et se disent d'excellents Français. A ces objections j'opposerai deux questions :

Que penserait-on de ceux à qui un ennemi acharné, vainqueur un instant, par hasard, imposerait un acte quelconque, et qui n'en conclueraient pas que cet état doit leur être aussi nuisible qu'il doit être profitable à celui qui en fait un des fruits de sa victoire inespérée?

Que penserait-on d'une association qui se formerait dans le but avoué de s'opposer à la réédification de l'Amérique, à ce que la bannière française flottât jamais sur les murs de Landau et sur la ligne du Rhin, à ce que le lion de Waterloo fût renversé, à ce que, le cas échéant, les chevaux de Saint-Marc reparussent au Carrousel, l'Apollon et la Vénus au Muséum, et cinq mille drapeaux conquis, sous le dôme des Invalides? Penserait-on que cette association serait plus coupable que celle qui aurait pour but de nous priver à tout jamais d'effacer Aboukir et Trafalgar?

Qu'on se rappelle, avant de répondre, que l'abolition

de la traite et la prohibition de relever Huningue sont les deux seules conditions qui, dans les traités de 1814 et de 1815, joignent à l'intérêt politique *le dessein d'humilier*. Il fallait la volonté soumise de la France pour qu'elles fussent exécutées. La victoire, dans le reste, avait repris de fait ce que la victoire avait donné ; mais être obligé d'élever soi-même un monument de sa défaite, voilà l'ignominie dont les abolitionistes nous abreuvent depuis 1821, et qu'ils veulent rendre éternelle [1].

Dix siècles leur attestent qu'il ne peut rien sortir de l'antre du léopard britannique qui ne soit imprégné d'un germe délétère pour la France ; ils n'en continuent pas moins à rendre contagieuses les vapeurs pestilentielles qui s'en exhalent. Ils préconisent la civilisation, ils glorifient la puissance de ces concurrents éternellement inconciliables, et ne trouvent de gloire que dans son alliance.

Mais les faits, plus puissants que les mots, les faits sont là, inflexibles dans leur enseignement. Aveugles sont ceux qui ne sont pas frappés de leur évidence ; aveugles sont ceux auxquels ils permettent, sans rien apprendre, de tout oublier ; doublement aveugles sont ceux qui, les ayant sous les yeux, feignent de se tromper pour tromper leur pays. L'Angleterre d'aujourd'hui est l'Angleterre de tous les temps ; elle est toujours la patrie des Chatam, des Pitt, des Castlereagh et de cet amiral, membre de la chambre des communes, qui, en plein parlement, et aux applaudissements des bancs et des tribunes, formula

---

[1] Il n'y a pas un seul de nos esclaves qui ne pense que l'abolition sera due à l'Angleterre. Ceux qui la redoutent à raison des îles voisines, l'en accusent ; ceux qui seraient disposés à l'accepter n'en seraient reconnaissants qu'envers les Anglais.

le vœu *national* de voir l'Irlande vingt-quatre heures engloutie au sein de l'Océan.

Je n'invoque point le souvenir de ce vœu pour qu'il devienne l'objet d'un blâme personnel, mais pour que l'adhésion qu'il reçut et les sympathies qu'il excita servent d'éléments au jugement de la philanthropomanie anglaise.

Quant au vœu en lui-même, il se traduit par *périsse l'Irlande plutôt que l'Angleterre!* Il est d'un patriotisme farouche, j'en conviens; mais qui n'aimerait pas mieux l'avoir formulé que d'avoir osé concevoir celui qui retentit à nos oreilles depuis quarante-cinq ans, et que les abolitionistes se sont chargés d'accomplir?

Non, je n'ai point voulu appeler contre le vœu de sir Joseph Yorke l'irritation des sentimentalités aujourd'hui à la mode; car si j'appartenais à une école étrangère, ce serait à celle de l'honorable M. Clay des Etats-Unis. Comme lui, je préfère le bien-être et la sécurité de ma propre race au bien-être et à la sécurité d'aucune autre race; la prospérité de mon pays à celle d'aucun autre pays; et, pour les obtenir, il n'est ni vœu ni sacrifice qui ne soient dans mon cœur et dans ma volonté.

Les abolitionistes sont hommes, me dira-t-on, et comme tels, sujets à l'erreur; de bonne foi, plusieurs d'entre eux, au moins, ont pu adopter les fausses et dangereuses doctrines qu'ils professent. Non, aucun abolitioniste, soit Anglais, soit Français, n'a été et ne peut être de bonne foi; pas un, pas un seul n'a été conduit par un sentiment indépendant de ses passions et de tous calculs personnels. Je ne serais embarrassé que du choix des preuves que j'en pourrais amonceler devant vous.

Pour abréger, je n'en rapporterai qu'une contre chaque association.

En 1813, il fut proposé au parlement d'Angleterre « de « travailler à introduire dans l'Inde, comme source d'a- « méliorations, une communauté de sentiments quant « aux grands intérêts de la morale et de la religion[1]. » M. March, un des membres de la chambre des commu- nes qui s'opposèrent à la prise en considération de cette proposition, s'appuya surtout sur « l'avantage de l'insti- « tution des castes pour comprimer l'inquiétude de l'am- « bition et l'impatience de l'obéissance. » MM. Ch. et K. Grant frères, les plus habiles et les plus intrépides champions de la compagnie des Indes orientales, se ran- gèrent aussitôt à cette opinion. Ils insistèrent principale- ment sur « la nécessité de maintenir la religion des In- « dous, afin de conserver par elle la partie du système « qui arrête le plus efficacement tout progrès de civili- « sation, tout développement de l'esprit. » M. Ch. Grant termina son allocution par établir en principe « que l'insti- « tution des castes donnait un gage de sécurité pour la « permanence du gouvernement des Indes *orientales*, au- « quel on ne trouverait rien de comparable dans l'histoire « du monde, et que, comme il n'est pas possible que le « genre humain soit jamais édifié de nouveau sur un « semblable phénomène, ce serait produire un grand « dommage que de prendre des mesures qui pourraient « prématurément l'altérer, parce que dans l'Inde la « maxime que tous les politiques ont dans la bouche, *divide*

---

[1] Cette proposition faite par un protestant est vraiment re- marquable : elle prouve ce besoin d'unité qu'ont détruit le libre examen et le jugement privé.

« *et impera,* se trouve établie en pratique et consacrée par
« les mains du temps [1]. »

Le sieur Ch. Grant, dont je viens de reproduire les paroles, était collecteur des douanes à la Martinique dans les commencements de l'occupation anglaise ; il est aujourd'hui ce lord Glenelg, dont vous connaissez toutes les propensions à la diffusion des lumières parmi les nègres, à leur initiation aux mystères des méthodistes et au *further increase* de la civilisation aux Indes *occidentales.*

Ses opinions reçurent la sanction de la majorité et celle du gouvernement, puisque jusqu'aujourd'hui le gouvernement des Indes *orientales* continue à autoriser, si ce n'est à provoquer, le sacrifice des veuves sur le bûcher, et toutes les autres pratiques d'un rite aussi cruel qu'absurde. Tous les ans, avec des circonstances qui font frémir, cinq à six cents malheureuses victimes sont ainsi offertes en holocauste, autant aux erreurs de leurs propres croyances qu'aux noires et profondes combinaisons du machiavélisme anglais [2].

Il y a plus. Une sorte d'amélioration intellectuelle s'an-

---

[1] *Colonial Policy applicable to India,* pag. 251.

[2] Dans la présidence de Calcutta il y a eu en 1819 six cent cinquante femmes brûlées, en 1820 cinq cent quatre-vingt-dix sept, en 1821 six cent cinquante-quatre, en 1822 cinq cent quatre-vingt-trois, et en 1823 cinq cent soixante-quinze ; ainsi en cinq ans le nombre des victimes s'est élevé à trois mille cinquante neuf dans une seule province de l'Inde britannique.

Il y en a eu deux cent quatre-vingt-sept dans les faubourgs de Calcutta sous les yeux du gouvernement anglais ; et quel prétexte donne ce gouvernement pour tolérer de telles horreurs ? la crainte de révolter les sentiments religieux des Indous, lui qui a si fort méprisé les sentiments religieux des colons.

nonçait parmi les Indous. Ram-Mohun-Roy, le plus illustre d'entre les bramines par ses vertus et ses lumières,
voulant conduire ses compatriotes au culte d'un seul
Dieu, avait fondé un journal destiné à répandre parmi
eux une sorte d'enseignement préliminaire. Ses disciples
déjà commençaient à se montrer en certain nombre,
lorsque, en avril 1823, *quinze jours avant qu'on décré-
tât en principe l'abolition de l'esclavage en Angleterre*,
M. Adam, gouverneur-général, et Macnaghten, *chief-
justice*, à Calcutta, le forcèrent à renoncer à ses publications et même à quitter le lieu ordinaire de sa
résidence, plus heureux en cela que deux éditeurs de jour-
naux anglais qui reproduisaient ses articles et qui, pour
ce fait, furent, sans procédure et sans jugement, renvoyés
en Angleterre, et par suite complétement ruinés [1].

Comparez maintenant M. Ch. Grant avec lord Glenelg,
ses opinions de 1813 pour les Indes *orientales* avec celles
de 1837 et 1838 pour les Indes *occidentales*; comparez
ces opinions avec le degré d'intelligence et de civilisation
des deux races auxquelles elles s'appliquent et aux destinées desquelles elles président; comparez la conduite du
gouvernement britannique pour la réintégration des méthodistes, et de leurs presses à la Barbade et à Démérary,
avec sa conduite envers Ram-Mohun-Roy et les deux
journalistes anglais à Calcutta, et bien certainement vous
ne trouverez point la possibilité d'admettre l'ombre
même de la bonne foi chez aucun abolitioniste de la
Grande-Bretagne. Mais si vous ne trouvez pas cette
possibilité, au moins vous verrez comment on pense et

----

[1] London 1824. First and second letter to sir Charles Forbes.
Richardson, 23, Cornhill.

comment on parle quand on veut conserver, comment on parle et comment on agitquand, on veut détruire.

A l'égard des abolitionistes français, il n'y a qu'à les opposer à leurs alliés les *betteraviers* et à eux-mêmes, pour avoir au juste le degré d'humanité et de patriotisme des uns et la bonne foi philanthropique des autres.

Les *betteraviers* disent : « Notre coalition avec les abo-
« litionistes leur donne cent quatre-vingt-deux boules de
« plus dans la Chambre des députés. Il est impossible
« qu'usant de l'omnipotence de cette Chambre, de l'in-
« différence de la Chambre des pairs, et de la faiblesse ou
« des besoins du ministère, ils ne fassent pas prononcer
« l'émancipation avant deux ans : *or, le souffle seul de*
« *cette émancipation efface les colonies de la carte de l'em-*
« *pire français, et les arrache en même temps à la civilisa-*
« *tion ;* donc il n'en doit pas plus coûter de les exterminer
« dès aujourd'hui. Pourquoi nous priver, pendant deux
« ans, du surcroît de bénéfice que nous pourrions faire ?
« Pourquoi nous en dépouiller pour en revêtir des con-
« damnés à mort ? Serait-ce trop cher le payer que
« d'anticiper sur le désespoir, les larmes, la destruction
« de cinquante mille Français *mineurs ?* »

D'accord avec les *betteraviers*, avec l'expérience, avec la vérité sur les prémisses de ce syllogisme, nous en li-vrons la conséquence à la nation.

Au même instant les abolitionistes disent de leur côté :
« L'émancipation va régénérer les colonies et rendre les
« colons les plus vertueux et les plus heureux des mortels.
« Elle est dans leur intérêt qu'ils ne comprennent pas bien
« encore ; mais nous, *leurs tuteurs, par la grâce de Dieu,*
« nous devons les contraindre, *par nos forces,* à l'accep-
« ter, parce que *nos lumières* ne nous ont point per-

« mis d'en méconnaître les avantages et la moralité. »

Qu'une voix consciencieuse s'élève et crie à ces derniers : Vous démentez vos propres paroles, vous trahissez vos sympathies affichées. L'an passé, vous disiez « *qu'il* « *n'était pas indifférent que la réforme s'opérât au mi-* « *lieu d'une société prospère et riche, ou d'une société* « *nécessiteuse et souffrante.* » Vous le disiez sans doute pour faire croire à votre affection spéciale pour la race des colons que vous voulez créer ; mais, dans la position que vous avez faite aux colonies, cette race souffrira plus et plus longtemps que la race française, dont la présence vous importune et vous blesse tant. Qu'importe, répondent-ils, les noirs pourront retourner à l'état sauvage, ou mourir de faim et de misère, nous n'en dirons pas moins qu'il n'y a plus d'esclavage africain; nous n'en aurons pas moins acquis une grande renommée, un peu dans le genre de celle d'Érostrate, il est vrai, mais elle n'en aura que mieux servi nos calculs de fortune et d'ambition.

Trouvera-t-on, dans ces argumentations contradictoires, et pourtant convergentes, quelque chose qui ressemble à « *ce sentiment qui attire l'homme vers l'homme; à ce cri* « *de la chair et du sang qui nous fait souffrir avec celui qui* « *souffre*[1] ? » Non; vous n'y trouverez que cette sensiblerie apparente pour les noirs, qui cache la haine pour les blancs, et, au fond, un égal mépris pour tous ces instruments mis aux mains de l'orgueil et de l'hypocrisie.

En dernière analyse, ou les *betteraviers* ont tort, ou ils ont raison. S'ils ont tort, que faut-il penser de leur franchise et des sentiments généreux qu'ils éprouvent pour des

[1] M. de Rémusat à la Société de la morale chrétienne, le 10 mai 1824.

Français comme eux ? S'ils ont raison, que dire de la bonne foi des abolitionistes français ? n'est-elle pas de même aloi que celle des abolitionistes anglais ?

Je m'attends à une autre objection. On me dira que, parmi ces ennemis de mon pays et de ma race, je n'ai voulu voir, jusqu'à présent, que des rationalistes ; et que, cependant, il y en a qui , notoirement nés dans l'Église catholique, n'en ont point publiquement abjuré les doctrines. Je le sais ; mais, de ce qu'ils n'ont point explicitement renoncé au catholicisme, en sont-ils meilleurs catholiques dans le cœur ? — Est-il catholique celui dont les admirables méditations, les célestes harmonies chassaient naguère l'ennui de nos solitudes, ou répandaient un charme si doux sur nos réunions de famille, lorsque, interrompant brusquement l'apothéose que nos sympathies préparaient à son génie, il vient, foulant aux pieds toutes les inspirations de cette sainte charité qu'il invoque, nous imputer, à nous ses frères, en face des nations, des crimes inconnus peut-être à Sodome et à Gomorrhe ? — Est-il catholique cet autre qui n'a que des paroles de louanges et d'admiration pour ceux qui se sont baignés dans le sang de ses frères ? — Est-il catholique ce troisième dont les mains tenaient les rênes du pouvoir immédiat au jour où le signe glorieux de la rédemption, renversé du dôme de nos basiliques, fut jeté dans les égouts de la moderne Babylone, où l'abomination de la désolation pénétra jusque dans le sanctuaire religieux ? — Est-il catholique celui-là, enfin, qui n'a pas reculé devant la proposition d'envoyer des missionnaires protestants (méthodistes noirs ou de sangmêlé, sans doute) pour moraliser nos esclaves et leur prêcher le désintéressement dont il a fait preuve ? — Est-il catholique celui qui montre ainsi que, dans sa pensée, la guerre religieuse doit être le complément *philanthropique* de la guerre civile qu'il prépare et provoque depuis quatorze ans avec tant de persévérance, de plaisir et peut-être de profits ? — Est-il catholique celui qui veut, même dans les pays conquis, prohiber la propagation de notre foi, et qui, de nos jours, par le plus inconcevable anachronisme, renouvelle les persécutions de 93 et de 94 contre l'épiscopat et tout le clergé français ? — Non, ils ne sont point catholiques ; ils ne le sont que par leur acte de baptême : au fond, ils appartiennent au protestantisme nouveau comme toute la secte abolitioniste.

En Angleterre, il ne serait peut-être pas facile de convaincre les méthodistes de rationalisme par leurs écrits ; mais la vanité, le désir passionné de célébrité ont, en France, triomphé des conseils de la prudence et des exigences de l'esprit de parti. L'un de nos méthodistes a laissé échapper ces mots : « *Le nouveau protestantisme pro-* « *clame la dignité et la nécessité de la raison à la place du* « *vague de la foi.* » Un second a dit : « *Le protestantisme* « *nouveau* N'A D'AUTRES SOURCES *que l'espèce d'instinct* « *qu'on nomme sentiment religieux ; sentiment qui naîtra* « *toujours dans tous les temps, en tous les lieux, et chez tous* « *les hommes, à la seule contemplation de l'expression sym-* « *bolique de la nature, et qui rétablira les vérités primitives* « *et l'activité spontanée dans l'âme, la conscience dans la* « *morale et l'idéal dans les arts.* » Un troisième nous ap- « prend que « *ce nouveau protestantisme exige des formes* « *nouvelles qui le mettent en harmonie avec les lumières du* « *siècle ; parce que c'est un nouveau fond, une nouvelle mo-* « *rale, un nouveau mode de croyance. Dès lors disparaissent* « *tous les livres symboliques de toutes les communions chré-* « *tiennes,* ET NOTAMMENT L'ÉVANGILE. *Le protestantisme*

« *nouveau promet aux idées libérales d'importantes conquêtes*
« SI L'ON PARVIENT, SEULEMENT POUR QUELQUE TEMPS, A
« FAIRE DISPARAITRE L'ÉGLISE DE JÉSUS-CHRIST, AFIN DE
« POUVOIR RÉFORMER CE QUI N'EN A PLUS QUE LE NOM. »

Un quatrième, enfin, explique ainsi sa doctrine :

« Qu'on croie ou non à la Trinité, à la résurrection
« de Jésus, à son existence même, à la chute ou à la ré-
« demption de l'humanité, à telle ou telle nature de
« l'âme humaine, on ne sera ni plus ni moins social, ni
« plus ni moins *religieux*, tout comme si on croit ou ne
« croit pas aux émanations du panthéisme et de la
« kabbale, aux aventures de Jupiter, au paradis de
« Mahomet et à celui d'Odin. » D'après ces principes, il
ajoute : « *Le christianisme régénéré a pour mission* de
« réunir tous les hommes, juifs, chrétiens, mahométans
« et idolâtres, sectaires de *Bouddha* et de Confucius,
« croyants ou sceptiques, déistes, panthéistes et *même*
« *athées,* pourvu qu'ils reconnaissent les droits de l'hom-
« me, croient à la justice et aiment leurs semblables. »

(*Histoire philosophique, politique et critique*
de l'Église, vol. V, p. 43 et 197.)

On ne fait ordinairement des aveux aussi clairs, aussi
précis, que lorsque l'on est assuré du succès. Le but
de l'ancien protestantisme était de renverser *la pro-*
stituée vêtue de pourpre assise sur les sept collines; c'est-
à-dire d'attaquer le christianisme dans son économie
administrative, dans sa hiérarchie ; le but du nouveau est
d'anéantir la révélation, c'est-à-dire d'attaquer l'Église
dans son principe, dans son essence même. Le premier
n'en voulait qu'à l'unité, qu'à l'autorité apostolique ; le
second en veut au christianisme tout entier, en usant,
avec un raffinement de perfidie, de son nom, de ses

livres tronqués, de son langage et de ses apparences.

C'est le renouvellement du combat de la *logique* contre *la foi;* combat que les *rationalistes montagnards* voulaient gagner de haute lutte par le fer de la guillotine, et qu'aujourd'hui on livre traîtreusement avec le poison de l'hypocritisme. Tel est le résultat forcé de la philosophie ascendante, de cette doctrine de la perfectibilité indéfinie appliquée à la religion, doctrine professée par Kant, qu'en Allemagne on désigne franchement par son vrai nom, *naturalisme* ou *rationalisme,* qu'en Angleterre on cache sous le nom de *méthodisme,* en France, sous le nom de *philosophie éclectique ou protestantisme nouveau,* et qui n'est partout en réalité qu'un *déisme* fort suspect.

Or, quel qu'il soit, il est ennemi irréconciliable du *supernaturalisme* ou religion révélée; il ne se présente qu'à l'état d'opinion plus ou moins partagée; il est sans dogme, sans rite, sans culte, sans autels et sans ministres.

Donc, loin d'être une religion, il n'est que l'absence systématique ou la négation absolue de toute religion, soit ancienne soit moderne; donc les abolitionistes n'ont aucune religion.

II

Cette solution nous dispenserait de l'examen des trois autres questions agitées, s'il ne fallait pas prévoir qu'on pourrait nous dire, malgré l'évidence, que les abolitionistes ayant pour chefs des hommes sortis des écoles d'Augsbourg et de Genève, pourront toujours, avec une sorte d'avantage, soutenir que si quelques-uns d'entre eux ont laissé percer des doctrines rationalistes, il n'est pas tout à fait juste de croire que la masse n'appartienne point au christianisme protestant.

Dans cette prévision, nous admettons que les abolitionistes ont une religion, et que cette religion est la protestante.

III

Le protestantisme justifie-t-il la proposition et le rapport qui nous occupent?

La solution négative de cette question jaillit d'une réflexion qui, spontanément, s'empare de tous les esprits. Les Anglais, les Hollandais, les Suédois et les Danois étaient protestants, et protestants dans toute la ferveur du zèle d'une réforme récente, lorsqu'ils fondèrent leurs colonies. Or, tous ont rivalisé, et les premiers ont de beaucoup surpassé les Portugais, les Espagnols et les Français dans la pratique de la traite; donc le protestantisme tout entier, en y comprenant les trois premières branches du méthodisme wesleyen, ne condamne point le déplacement du théâtre de la servitude africaine.

Il y a plus. Non-seulement les protestants ne condamnent point ce déplacement, non-seulement ils sont des maîtres plus exigeants que les catholiques, mais encore ils sont beaucoup plus dominés à l'égard des affranchis de ce que l'on nomme contre nous préjugés [1].

---

[1] « Chez les méthodistes, et dans toutes les sectes protestantes, la haine établit entre les couleurs une démarcation jusque
dans l'exercice du culte.... Les méthodistes blancs, qui sont

C'est à ce point que les rationalistes, pour ne pas prêcher trop ouvertement, sous le nom de méthodistes, des doctrines que ceux-ci désavouent, ont été obligés de se subdiviser en *new-stenerancy*, *new-connexion*, *new-light*, *new-anabaptists*, et, enfin, de créer des *méthodistes noirs ou de sang-mêlé*. C'est à cette dernière subdivision qu'ils ont confié le soin de professer ostensiblement les maximes destinées à dissoudre l'union américaine, à soulever les esclaves du Sud et ceux des Antilles [1].

Faut-il croire que les deux cent dix-sept sectes sorties des quatre prétendues réformes soient restées pendant trois siècles sans se douter qu'elles violaient ce qu'on ose présenter aujourd'hui comme le dogme le plus important de la croyance chrétienne? — Il est certes bien permis de ne pas le penser.

« tous *Wesleyens épiscopaux*, avaient signalé leur prévention con-
« tre les noirs et sangs-mêlés de leur secte et voulu les exclure
« de leurs assemblées; le célèbre Benjamin Rush intercéda sans
« réussite en faveur des persécutés. En 1793, ils résolurent de
« construire une chapelle, qui fut appelée *Péthel*. L'évêque angli-
« can White ordonna un ministre de leur couleur. Dans plu-
« sieurs états s'élevèrent des temples du même genre où reten-
« tissaient des champs de jubilation pour célébrer l'abolition de
« la traite. » (GREGOIRE, *Histoire des sectes religieuses*, v. IV, ch. 15,
p. 504 et 505.)

[1] « En 1816, Richard Allen fut élu leur évêque, et cinq ministres
« lui imposèrent les mains; en 1817 ils publièrent l'ouvrage in-
« titulé : *The doctrine of the african methodist episcopal church*. Ce
« livre, qui est eucologe, catéchisme et rituel, embrasse toutes
« les parties de leur existence religieuse : un article en exclut
« quiconque aurait des esclaves. » (GREGOIRE, *ibid.*)

Cet article prouve que le livre ne se borne point à l'existence religieuse, mais s'étend encore à l'existence politique; et, en effet, la grande majorité des points de doctrine qu'il renferme sont incompatibles avec aucune existence coloniale autre que la rouge ou la noire.

Toutefois, supposons que les protestants n'aient jamais sérieusement examiné les bases de leurs doctrines, en ce qui concerne l'esclavage africain, et livrons-nous à l'examen qu'ils pourraient en faire eux-mêmes.

Si cet examen devait se renfermer dans les limites de cette enceinte, il serait prompt, et ses résultats s'énonceraient en peu de mots. Je ne chercherai point à vous rappeler les points fondamentaux des dogmes dont la connaissance a suivi, dès le berceau, le développement de vos facultés intellectuelles ; mais il est utile, il est malheureusement nécessaire que ce qui se dit ici soit entendu ailleurs.

Il faut donc procéder en s'entourant de preuves, et surtout en ne reculant point devant les difficultés du sujet.

La première, on pourrait presque dire la seule réelle de ces difficultés, est, par une fatalité inhérente aux vertiges de notre époque, d'avoir à proclamer la vérité : son flambeau se consume et brûle souvent la main qui l'agite sans avoir éclairé certains aveugles, d'autant plus incurables que leur cécité est plus opiniâtre et plus volontaire. A peine aurai-je parlé, que tous les intérêts coalisés de cet aveuglement systématique vont se révolter contre la doctrine que je professe, et peut-être contre moi-même. Je serai représenté, par-delà les mers, comme la personnification et l'incarnation de tous les genres d'ignorance, de fanatisme et de préjugés ; en me faisant marcher sur des charbons ardents, nos ennemis me décocheront les traits les plus acérés du ridicule et du sarcasme. Je ne pourrai dire à aucun d'eux : « Frappe, mais « écoute ; » ils sont tous encore plus opiniâtrément sourds qu'ils ne sont aveugles. Il faut pourtant parler, quand ce serait dans le désert ; qu'importe à celui qui confesse la foi de ses pères, qui revendique les droits de sa patrie et défend le pain de ses enfants, de s'exposer aux injurieuses attaques de quelques ennemis sans conscience ni justice ? Aucune considération, aucune puissance humaine n'étouffera sur mes lèvres le cri de mes plus intimes convictions.

Je crois que « le silence de la vérité est un des plus ter- « ribles châtiments de Dieu en ce monde. » Je crois, avec Bacon, que « l'apothéose de l'erreur est le plus grand « de tous les maux qui puissent affliger l'humanité. » Je dois donc, dans l'orbite étroite où je gravite obscurément, accomplir, autant qu'il est en moi, tout ce qui peut rendre témoignage à la première, et tout ce qui, confié à des mains plus exercées que les miennes, peut servir à renverser les autels audacieusement élevés à la dernière.

L'examen des doctrines protestantes m'en fournit l'occasion, je ne puis la laisser échapper.

Il faut d'abord établir, comme fait irrécusable, que les deux cent dix-sept sectes protestantes qui existent actuellement ne sont invariablement d'accord que sur un seul point : toutes veulent une religion *scripturale;* c'est-à-dire fondée par le libre examen et le jugement privé sur les saintes Ecritures ; toutes ont adopté pour devise : *la Bible, toute la Bible, rien que la Bible;* toutes tiennent pour article de foi que les saintes Ecritures sont dictées *verbatim* par le Saint-Esprit; toutes, enfin, comprennent, sous la dénomination commune d'Ecritures saintes, l'Ancien, le Nouveau Testament, les Actes et les Epîtres des Apôtres, et, parmi ces dernières, essentiellement celles de saint Paul [1].

---

[1] Luther mettait les épîtres de saint Pierre et de saint Paul bien au-dessus des évangiles de saint Matthieu, de saint Marc et

La science avortée de l'école voltairienne s'est longtemps préoccupée de ravir à ces livres l'autorité de leur
source divine, leur ancienneté et leur authenticité. Il
n'en saurait être de même aujourd'hui : en l'état actuel
de l'archéologie, de la géognosie, de la physique, de la
linguistique et de l'histoire, il n'est plus permis à celui
qui respecte sa dignité d'homme de contester à aucune
partie de nos saintes Ecritures, tous les caractères que
leur reconnaissent les chrétiens.

C'est donc dans ces saintes Écritures qu'il faut aller
puiser les notions que doivent avoir les protestants sur
l'origine de l'espèce humaine, sur le nombre des races
primitives dont elle fut formée, et sur les destinées particu-
lières départies à chacune d'elles par la volonté éternelle.

Dès lors, quelque immense que soit la latitude prise par
le libre examen, elle ne peut être telle que les protestants ne
soient obligés de se soumettre à tout ce qui, dans les livres
saints, n'est pas susceptible d'équivoque, et de croire avec
nous que, par suite d'une impiété dont le degré de gra-
vité doit être, pour eux comme pour nous, un mystère
sacré, nos premiers parents furent frappés d'une déchéance
complète de leur état primitif, et durent transmettre cette
déchéance à leurs descendants, comme vice originel; que,
parmi les peines qui étaient les conséquences de cette dé-

de saint Luc, au point qu'il pensait que tout ce qu'un chrétien
devait savoir était renfermé dans ces épîtres et dans l'évangile
de saint Jean. Voyez, à cet égard, sa préface du *Nouveau-Testa-
ment* imprimé en 1524. « Son admiration surtout pour l'épître
« aux Galates était telle qu'il ne croyait pouvoir mieux la pein-
« dre qu'en disant qu'il l'avait épousée, qu'elle était sa Cathe-
« rine-Bore. » (*Voyage d'un Irlandais* t. 2, p. 155.)

chéance, il y en avait de temporelles, *inabolissables*, telles que la douleur et la mort, et d'autres éternelles, mais rachetables par les mérites d'un Messie promis, par celui-là même qui avait prononcé la déchéance ; que, plus tard, les descendants des premiers coupables, devenus plus coupables eux-mêmes, subirent toutes ces peines en masse par un *déluge universel;* que le petit nombre d'élus qui survécurent pour fournir en trois races distinctes les éléments d'une nouvelle population de la terre restèrent imprégnés du premier vice originel, et passibles des peines qui y étaient attachées ; que le chef de l'une des *trois races nouvelles* commit une nouvelle impiété qui dut frapper sa postérité d'une double déchéance, d'un double vice originel, et la soumettre non-seulement aux peines éternelles rachetables auxquelles elle était déjà exposée, mais encore à une double peine temporelle *inabolissable*.

Ceci posé, cherchons quelle est celle des trois races qui a été condamnée, quelle est la peine prononcée contre elle, et si, en effet, cette peine est *inabolissable*.

J'ouvre la Genèse, le premier des livres saints, le premier d'entre les premiers qui ont été écrits sur la terre, et j'y trouve que Noé, apprenant l'impiété filiale de Cham, et parlant, comme tous les patriarches et tous les prophètes, sous l'inspiration de l'Esprit saint, dit :

« *Que Chanaan soit maudit ; qu'il soit à l'égard de ses frè-*
« *res* L'ESCLAVE DES ESCLAVES ;

« *Que le Seigneur, le Dieu de Sem, soit béni,* ET QUE CHA-
« NAAN SOIT SON ESCLAVE ;

« *Que Dieu multiplie la postérité de Japheth, et qu'il ha-*
« *bite dans les tentes de Sem,* ET QUE CHANAAN SOIT SON ES-
« CLAVE. » (*Genèse,* 9, v. 25, 26 et 27.)

Ce texte n'est pas du nombre de ceux qui peuvent être réputés figuratifs, symboliques ou emblématiques. Son énergique précision commande aux croyants le respect et la soumission ; sa clarté enlève à l'examen le plus libre, au jugement privé le plus complaisant, jusqu'à la faculté de l'interprétation.

Nous y voyons, et les protestants ne peuvent pas s'empêcher de voir comme nous, sans la moindre apparence de doute, que la race de Cham est celle qui a été condamnée. Nous y voyons encore que la peine qui lui est infligée, peine prononcée sous le sceau de la malédiction paternelle trois fois formulée, *est l'esclavage* [1]. Nous y voyons enfin par la désignation, non du coupable, mais du seul de ses fils alors né, la volonté caractérisée de frapper dans sa postérité et dès lors de rendre la peine *inabolissable*, comme l'étaient déjà les peines temporelles encourues par les premiers infracteurs.

Or, des historiens anciens et modernes, des païens et des juifs, des Pères de l'Eglise et des rabbins, des chrétiens orthodoxes et des schismatiques, des philosophistes et des savants [2], en cherchant dans des vues et à des époques

---

[1] L'esclavage, sans doute, avait existé dans les races antédiluviennes, comme modification apportée, par l'instinct de l'humanité, au droit naturel de conservation et à celui *de la force ennoblie par la victoire ;* mais c'est contre la postérité de Cham, et pour la première fois, que *la chose* a été consacrée et *le mot* prononcé sous l'inspiration de celui qui jure par lui-même et ne dit jamais rien en vain.

[2] Hérodote, Sanchoniaton (fragments traduits par Philon de Bylle), Manéthon, Bérose, Eusèbe, Syncellus, le Targum d'Onkelos, celui de Jonathan-Ben-Uzziel, celui de Jérusalem, saint Chrysostôme, saint Augustin, Théodoret, Su-Mede, Heidegger, Bayle, Champollion.

bien différentes, si ce n'était pas moins la faute attribuée
à Cham, qu'une autre par lui commise dans l'arche et
dont Chanann était le fruit qui avait motivé la malédiction prononcée par Noé ; s'il était vrai qu'en écoutant
cette malédiction, les cheveux de Chanaan se tordirent et
sa peau commença à noircir [1]; s'il était vrai que les *tribus*
de Chanaan, de Phut, de Misraïm et de Chus, se mêlèrent
en Égypte, d'où elles furent chassées à l'époque de Phaleg,
fils de Héber, par des descendants de Sem, qui furent les
Égyptiens dont nous connaissons l'histoire ; s'il était vrai,
enfin, que les quatre tribus expulsées devenaient de jour
en jour plus noires, et que la preuve en est dans le nom
qu'elles laissèrent à l'Égypte, en allant peupler l'Afrique
intérieure [2], ont fourni, sans avoir pu ni s'entendre, ni se
concerter, la preuve incontestable que la race de Cham
est identiquement la même que celle qui a existé et qui
existe encore sur le continent de l'Afrique ;

Donc l'esclavage africain est d'institution divine.

Les lois qui le régissaient à son origine sont sévères et
rigoureuses : « Si un homme frappe son esclave avec une
« verge et qu'il meure entre ses mains, il sera coupable ;

---

[1] HEIDEGGER, *Histoire patriarcale*, t. 1, pag. 409.

[2] Quelques savants pensent que le nom de l'Égypte vient
d'une ancienne dynastie qui avait régné sur ces contrées ; mais
cette opinion se trouve détruite par un fait, qui n'est pas dou-
teux, c'est que, bien avant les *Egyptus*, l'Égypte et le Nil portaient
les noms qu'on leur donne aujourd'hui, et ces noms étaient em-
pruntés de la couleur des habitants. Les Grecs donnaient à la
contrée les noms d'*Aeria* et de *Melambolus*, au Nil celui de *Melo*
ou *Melas;* les Juifs désignaient le fleuve par le nom de *Shihor*,
et les Éthiopiens par celui de *Siris*, noms qui tous, au dire des
érudits, signifient *noir;* les descendants de Cham, lorsqu'ils
habitaient l'Égypte, l'appelaient *Chemia; très-noir, noir comme
la prunelle de l'œil.*

« mais si l'esclave survit un ou deux jours, le maître ne
« sera point puni parce qu'il l'a acheté de son argent. »
(Exode, 21, v. 21 et 22.)

« Que le joug et les cordes fassent courber les têtes
« rebelles, et que le travail continuel rende l'esclave sou-
« ple ; tenez-le dans le travail, parce que l'oisiveté en-
« seigne beaucoup de mal ; s'il n'obéit pas, il faut le faire
« plier en lui mettant des fers aux pieds. » (Eccles., 33,
v. 25, 26, 27, 28, 29 et 30.)

Honte à qui pourrait penser que par ces citations nous
voulons faire de l'esclavage autre chose que ce que nous
en avons fait jusqu'à présent et que ce que nous devons
en faire ! Honte à qui ne verrait pas que nous ne voulons
arriver qu'à constater une origine et des principes qui se
lient tellement à l'essence même de la foi chrétienne,
qu'ils la détruisent s'ils s'en séparent !

En effet, pour nous, qui sommes soumis, sans examen,
à tout ce qui est écrit dans les livres déclarés canoniques
par l'Église, pour les protestants qui veulent *la Bible,
rien que la Bible et toute la Bible*, il ne saurait s'y trouver
un mot mis sans dessein, un mot vide de sens et d'application, un mot inutile, un mot, enfin, qui se puisse im-
punément retrancher. Si un tel mot s'y trouvait et qu'on
le retranchât, ne pourrait-on pas de même réputer inutile
et retrancher un second mot, un verset, un chapitre, un
dogme tout entier, comme les abolitionistes veulent le
faire de celui de l'esclavage africain ? Quelles seraient les
limites de cette faculté *d'inutiliser* et de retrancher ? A
quels signes reconnaîtrait-on ces limites ? Après avoir usé
de la faculté du retranchement pour un mot, pour un
verset, pour un chapitre, quelle autorité laissera-t-on au
reste des saintes Écritures ? Où seraient les raisons de

conserver ce reste? N'y en aurait-il pas, au contraire, d'excellentes pour se hâter de le mettre au feu? Avili par sa mutilation, ce reste ne cesserait-il pas d'être un monument de la paroledivine, immuable et sacrée?—Pourrait-il paraître autre chose, à tous les yeux, qu'une détestable compilation de mensonges et d'absurdités?—Voyez, pour en être sûrs, quelles seraient les conséquences immédiates et forcées du retranchement du dogme de l'esclavage africain.

Celui qui n'admet point qu'au moment où le monde recevait sa seconde origine, une impiété filiale, dont l'exemple pouvait être funeste, a pu être punie, sur la postérité *seule* du coupable, d'une peine temporelle *inabolissable*, celui-là, dis-je, croira bien moins encore que, lors de la première origine, une désobéissance dont rien n'indique la portée, ait pu mériter, à la fois et *à tout le genre humain*, des peines éternelles conditionnellement rachetables et des peines temporelles *inabolissables*. Dès lors plus de tache, de déchéance originelle, d'expiation nécessaire, de rédemption promise; les fondations sont enlevées, l'édifice de la révélation s'écroule et disparaît.

En retirant de la phrase biblique la malédiction qui la commence et la finit, comment conserver la bénédiction de Sem qui est au milieu? Sans la bénédiction de Sem, comment amener la vocation d'Abraham? Sans la vocation d'Abraham, où est l'alliance ancienne et la promesse que le Messie naîtrait de la race de ce patriarche, et que toutes les nations seraient bénies en lui? Que devient l'autorité des prophéties par l'exactitude de leur accomplissement, et la vérité de cet accomplisssement par l'autorité des prophéties? Comment croire à l'alliance nouvelle? comment expliquer la mission du Christ? comment

avoir foi en sa venue, en ses miracles, en sa résurrection ?
comment croire à l'Évangile ? en un mot, comment
croire à quoi que ce soit qui ait rapport à la révélation ?
Ne la verrait-on pas s'évanouir tout entière, et avec elle
tous les éléments d'une autre religion quelconque ? Car,
remarquez bien que ce ne serait pas le christianisme seul
qui serait anéanti avec la révélation ; le mosaïsme et
l'islamisme s'éclipseraient en même temps, puisqu'ils re-
posent absolument sur les mêmes bases. Nous n'aurions
plus que le choix entre les myriades d'incarnation de
Wechnou, le rationalisme et l'athéisme. C'est, sans con-
tredit, à cette alternative que nos ennemis veulent conduire la génération qui s'élève ; mais ils se trompent au
moins quant aux Martiniquais [1] ; il est pour nous un édifice
contre lequel les portes de l'enfer ne prévaudront jamais.
Si la foi implicite en est la pierre angulaire, la bonté divine
a ménagé des preuves sur lesquelles la faiblesse de la

---

[1] « Lorsque les théophilanthropes obtinrent du Directoire le
« droit de pratiquer leur culte dans les églises catholiques, les
« curés agitèrent la question de savoir s'ils pouvaient exercer
« leur ministère et prêcher les vérités révélées dans le même
« local où l'erreur venait de les combattre. Ceux qui penchaient
« vers la négative rappelaient l'indignation des Martiniquais,
« en apprenant que l'évêque de Québec avait laissé faire le
« prêche dans sa cathédrale : aussi lorsqu'en 1794 les Anglais,
« ayant pris Saint-Pierre, ordonnèrent aux missionnaires de
« laisser leurs églises libres à certaines heures du dimanche,
« pour le culte anglican, le préfet apostolique, qui était un
« dominicain, résista à l'ordre que lui intimait le général an-
« glais, et sa résistance fut suivie du succès. » (GRÉGOIRE., *Hist.
des Sectes rel.*, t. 1, pag. 380.) L'auteur eût dû ajouter que le succès obtenu par le clergé martiniquais fut dû, autant à son énergie qu'à l'attitude que prit à l'instant la population qui n'avait
souffert les Anglais que pour éviter un plus grand mal... la
Convention.

raison humaine peut s'appuyer pour combattre et détruire le doute.

Ces preuves, en ce qui concerne la double déchéance de la descendance de Cham et la destinée temporelle à laquelle elle est soumise, se trouvent dans l'accomplissement même de cette destinée, accomplissement continué sans interruption pendant quarante et un siècles ; elles se trouveront dans les moyens providentiels qui ont assuré et assurent cet accomplissement.

Personne ne conteste, je crois, et, d'ailleurs on le contesterait en vain, qu'aussi loin qu'il soit possible de pénétrer dans le chaos des temps anciens, on trouve déjà la servitude établie comme droit commun et constitutif de l'Afrique, et formant de ce continent entier une vaste pépinière d'esclaves-nés. Ce n'était pas, et ce n'est pas là seulement la conséquence relative du droit du vainqueur, mais bien positivement l'effet normal de l'exercice régulier du pouvoir souverain, de la puissance paternelle et de l'autorité maritale, le résultat absolu des mœurs, de l'usage traditionnel et des « *sentiments religieux nés, dans* « *tous les temps et dans toute l'Afrique, de la contempla-* « *tion de l'expression symbolique de la nature africaine.* »

Sans l'action uniforme et les tendances combinées de toutes ces conditions, sans une prédisposition innée et fatidique, qui aurait jamais pu, pendant tant de siècles, façonner tant de millions d'êtres à la servitude ? La preuve, on pourrait dire matérielle, de cette prédisposition fatidique ne résulte-t-elle pas des moyens dont la Providence s'est servie pour accomplir ses desseins ?—Ces moyens ne sont-ils pas visibles dans les dissemblances frappantes qui existent entre la race africaine et les deux autres ? — D'abord dissemblances physiques. Je n'irai pas les chercher ni dans l'angle facial, ni dans l'épaisseur des os du crâne, ni dans aucune des rêveries phréno-logiques, non plus dans les formes musculaires, mais dans la couleur, qui est le signe le plus caractéristique d'une différence intentionnelle.

Si je m'arrête à cette seule dissemblance, si je brave le reproche d'être encore sous l'influence de ce qu'on est convenu d'appeler préjugé, ce n'est ni sans dessein ni sans utilité : c'est, au contraire, parce que nous pouvons défier tous les rationalistes du monde, fussent-ils tous des Buffon et des Cuvier, d'expliquer cette dissemblance, non pas rationnellement, mais seulement d'une manière spé-cieuse. Diront-ils que les premiers êtres intelligents qui ont habité la terre étaient le produit spontané d'une fermen-tation, d'une végétation perfectionnée, qui, suivant le temps et le lieu, s'est présentée sous des couleurs diffé-rentes et avec des attributs divers, tels que la laine pour chevelure et la propriété odorante des corps? Mais alors pourquoi les mêmes causes continuant à exister dans la nature, l'effet ne s'est plus représenté?—Pourquoi cet ef-fet lui-même ne s'est-il pas reproduit et propagé de la même manière ?—Pourquoi les variétés de cet effet n'auraient-elles consisté qu'en accessoires extérieurs et non dans l'organisation principale et intérieure qui, du reste, au-rait été la même partout? — Diront-ils que chaque par-tie de la terre a été peuplée par un couple particulier qui, quoique créé sur le même modèle que les autres, pouvait offrir les dissemblances que l'on remarque dans les différentes branches de la race humaine? Mais d'abord ils se mettraient en opposition avec tout ce que l'histoire nous atteste le plus positivement, avec les tra-ditions générales de tous les peuples de la terre, et notamment avec la tradition africaine elle-même ; ensuite ils seraient démentis par le témoignage de tous ceux dont les yeux ne sont pas fascinés et qui dès lors ne peuvent apercevoir que des nuances entre les diverses populations du globe, tandis qu'ils sont frappés de la dissemblance profonde et tranchée qui existe entre la race africaine et toutes les autres. Diront-ils qu'il n'y a rien à conclure de eette dissemblance, parce qu'il est fort incertain de quelle couleur étaient Noé et sa femme ?

Cela peut être ; mais s'ils étaient noirs, pourquoi ont-ils produit deux blancs et un noir ? Pourquoi ce jeu de la nature ne s'est-il plus reproduit dans la race noire ? — S'ils étaient blancs, pourquoi ont-ils produit un noir, et pourquoi ce même phénomène n'a-t-il plus reparu ? L'intelligence humaine ne trouve-t-elle pas dans ces questions toutes les conditions d'un impénétrable mystère ? Si les rationalistes comprennent ce mystère, pourquoi ne l'expliquent-ils pas ? S'ils ne le comprennent pas, et que cependant ils croient que le blanc a pu produire le noir et le noir le blanc, *il est donc des mystères auxquels on peut croire sans les comprendre ?* Qu'ils ne nous reprochent donc plus notre crédulité, qu'ils trouvent si ridicule. Répéteront-ils ce qui s'est dit mille fois depuis cinquante ans, sans en devenir plus vrai ni moins absurde, que la couleur est un effet du climat de la zone torride ? Cette objection ne peut appartenir qu'aux mêmes cerveaux qui nous avaient envoyé du *pluviôse* et du *germinal* dans leur calendrier, quand le nôtre indiquait le dernier période de la sécheresse et de la stérilité. Ils oublient, ou feignent d'oublier, que le gisement de l'Afrique la place sous plus d'une zone ; que si le milieu de ce continent est sous la torride, les deux extrémités sont sous les deux zones tempérées; qu'ainsi il y aurait lieu de leur demander d'où vient que les Africains du nord et du midi sont noirs comme ceux du milieu? d'où vient que les indigènes du Brésil, du Pérou, du Mexique, du royaume de Siam, du Bengale, du Malabar n'étaient pas et ne sont pas noirs, quoiqu'ils soient sous les mêmes latitudes que l'Afrique centrale? d'où vient que les Arabes, qui ne sont séparés des Africains que par la largeur de la mer Rouge, ne sont pas noirs? d'où vient que nous, qui comptons déjà six générations sous la torride, ne sommes pas devenus noirs? D'où vient, enfin, que trois millions d'esclaves, d'origine africaine, qui sont aux États-Unis, et y comptent aussi six générations, ne sont pas devenus blancs, quoiqu'ils habitent une zone tempérée? — Non, le climat n'a rien fait ; l'Égypte était, il y a quarante et un siècles, comme aujourd'hui, sous la zone tempérée, et la race de Cham était déjà noire, lorsqu'elle traversa le désert et pénétra dans l'intérieur du continent africain.

Le rationalisme est donc aussi radicalement impuissant à expliquer la seule dissemblance sur laquelle nous ayons insisté qu'il est impuissant à expliquer toutes les autres, tandis qu'un seul mot de la révélation les explique généralement toutes. Ces dissemblances existent, parce qu'il était nécessaire qu'elles existassent pour l'entière exécution des dispositions du 27ᵉ verset du chapitre ix de la Genèse. Sans cette dissemblance, la postérité de Cham eût pu habiter dans les tentes de Sem et de Japhet, et se confondre avec leurs postérités à qui seules était donnée la faculté d'habiter les unes dans les tentes des autres.

Aux dissemblances physiques se joignent les dissemblances morales ; celles-ci se prouvent par des faits dont nulle argumentation ne peut ébranler l'imposant témoignage. **La race de Cham** est aujourd'hui au même point de civilisation où toutes les civilisations successives des deux autres races l'ont trouvée et l'ont laissée depuis quarante et un siècles. Il y a donc chez elle inaptitude invincible à concevoir tout autre mode d'association, toute autre organisation que celle qui a pour base une servitude native dont le hasard seul relâche ou resserre les liens sans jamais les briser. N'allons point encore en chercher une cause encéphale; bornons-nous à reconnaître que cette dissemblance était aussi nécessaire que la première pour l'accomplissement des décrets éternels [1].

Personne assurément n'a songé à pénétrer en Afrique dans le but d'y faire des captifs par la ruse ou par la force, et d'en trafiquer ailleurs. S'il y a des esclaves africains dans toutes les parties du monde, c'est que les Africains eux-mêmes l'ont voulu et le veulent encore.

Pour qu'il y en eût en Asie et en Europe, il a fallu que le mari dégoûté de ses femmes, le père embarrassé de ses enfants, l'homme de guerre rassasié de la chair, du sang et des angoisses de ses prisonniers, le chef ayant à punir des réfractaires, leur fissent prendre la route du désert et les vendissent sur les marchés de Thèbes et de Memphis. Pour qu'il y eût des esclaves africains dans le

---

[1] Les abolitionistes ont essayé de protester contre ces dissemblances morales. Ils ont cherché des exemples d'un état de choses contraire; et après des efforts inouïs ils en ont compté jusqu'à...... *un.* C'est celui d'Eustache dont on trouve l'histoire dans l'*Annuaire* de la société Monthyon et Franklin pour 1833 et 1834. Et, chose bien étrange, que trouve-t-on à louer dans Eustache? d'avoir sauvé son maître, d'avoir fui de Saint-Domingue, où il pouvait être libre, pour aller rester esclave à Baltimore. C'est-à-dire d'avoir rempli fidèlement les devoirs d'esclave tels que saint Pierre et saint Paul les prescrivent.

Nouveau-Monde et que le commerce s'en fit sur la côte occidentale d'Afrique comme il se faisait en Orient par les caravanes de Darfour, il a fallu que ces mêmes femmes, enfants, prisonniers ou sujets, eussent été livrés aux plus affreuses tortures et à la mort sous les yeux des missionnaires portugais, et que ceux-ci, touchés de compassion, eussent, par une inspiration de charité chrétienne, pensé à soustraire au même sort le plus grand nombre de ces victimes, en les faisant acheter par des marchands, et en les faisant transporter aux colonies nouvellement fondées par les Européens aux Antilles ; il a fallu que ces missionnaires eussent pensé que ce déplacement du théâtre d'une servitude naturelle sauvait, non-seulement la vie temporelle de ceux qui en étaient les objets, mais leur vie éternelle, en leur faisant faire un pas vers la connaissance du vrai Dieu ; il a fallu enfin qu'au moment même où les missionnaires trouvaient le salut de leurs Africains en Amérique, le saint évêque de Chappa trouvât dans la présence de ceux-ci le salut de ses chers Indiens, et qu'il fît concourir à l'extension de l'immigration africaine toutes les puissances spirituelles et temporelles de la chrétienté.

Ces diverses causes ont eu pour effet de placer au moins une partie de la race africaine sous l'empire d'une civilisation tutélaire qui leur a garanti, pendant trois siècles, une existence heureuse, et la lui garantiraient encore si d'infatigables apôtres de misère et de destruction ne s'étaient donné l'étrange mission de la ramener à l'état sauvage au nom de la liberté et de la philanthropie.

Quoi qu'il en soit des circonstances qui ont fait naître, ont accompagné et suivi la translation de la servitude africaine en Amérique, elles ne sont que secondaires, et ne changent point la nature du fait à son origine ; c'est l'instinct des Africains, ce sont leurs idées, leurs passions, leurs mœurs qui ont fait sortir leur esclavage des limites de leur pays natal, et l'ont offert au monde en témoignage de la vérité de la révélation. Entraînés par la fatalité, ils ont envoyé en tous lieux les preuves de leur destination à la servitude, comme les tribus de Benjamin et de Juda ont porté et portent sans cesse les preuves de leur destination à être partout et nulle part dans l'univers.

Nos ennemis ne manqueront pas d'imputer toute cette argumentation au besoin de justifier le mépris qu'ils nous supposent si gratuitement pour la race africaine, que, suivant eux, nous ravalons à la condition de la brute. Otons-leur la faculté de répéter cette calomnie. Non, nous ne méprisons pas la race africaine qui nous sert ; nous l'estimons et nous l'aimons bien mieux, *et beaucoup plus* que ceux qui se font une gloire, un moyen, une spéculation de se dire ses amis. Nos sentiments pour elle se traduisent au moins par des faits que chaque jour éclaire et qu'affirment soixante-dix mille affranchis existants dans les quatre petites colonies qui restent à la France. Nous croyons que cette race a la même origine que la nôtre, c'est un des dogmes de notre religion ; nous croyons que le sang versé sur le Calvaire l'a été pour elle comme pour nous. Mais comme nous ne sommes point étonnés de souffrir, de nous savoir exposés à mourir et à subir au delà de cette vie des peines sévères, par suite d'une désobéissance commise depuis soixante siècles, nous ne sommes pas du tout choqués d'une doctrine qui nous enseigne que la race africaine est, de plus que nous, soumise à la servitude temporelle pour une impiété commise par son chef il y a quarante et un siècles. Nous avons d'autant plus de foi en cette doctrine que l'état physique et moral des Africains la confirme et la rend visible et tangible. Nous concevons toute la portée de la pensée de charité évangélique qui déplaça leur servitude temporelle pour leur donner la faculté d'acquérir la liberté spirituelle. Quant à la liberté temporelle, l'expérience prouve que nous n'en voulons pas pour nous seuls; mais nous ne la voulons que pour ceux qui sont présumés pouvoir la comprendre, l'apprécier et en remplir les devoirs. Nous ne la voulons pas aujourd'hui pour ceux qui seront à peine aptes à la concevoir dans quatre ou cinq générations d'ici; nous voulons qu'elle soit pour eux un présent utile et salutaire, et non une déception qui les ramène à l'état où étaient leurs pères il y a trois siècles; nous ne la voulons, enfin, qu'autant qu'on aura trouvé un moyen éprouvé de la concilier avec le respect de la propriété et la sécurité des personnes.

Je conçois parfaitement qu'au jugement des rationalistes qui ne croient et qui ne veulent pas qu'on croie à rien, tout ce que je viens de dire m'aura déjà fait désigner une loge à Bedlam ou à Charenton; mais il n'en saurait être de même pour les protestants de bonne foi, pour ceux qui croient *à toute la Bible,* pour ceux qui, comme nous, sont persuadés que les saintes Écritures sont indivisibles et tellement liées, qu'on ne peut toucher à la moindre de leurs parties sans que le tout ne s'évanouisse. Non, les protestants ne doutent point de la vérité de la doctrine que je soutiens; ils sont au contraire persuadés que si les Africains, comme postérité d'Adam et subisant les peines de la première déchéance originelle, sont sujets à souffrir et à mourir, ils sont en même temps, comme descendants de Cham, frappés d'une seconde déchéance originelle, et soumis à vivre sur la terre en état de servitude jusqu'à la consommation des siècles, en présence même, et en dépit des abolitionistes et de l'intérêt anglais qu'ils savent si bien servir.

Toutefois il faut remettre en mémoire que des rationalistes, couverts des apparences du puritanisme méthodiste, on dit que les paroles des 25, 26 et 27es versets du chapitre ix de la Genèse ne devaient et ne pouvaient plus être invoquées, « parce qu'elles avaient eu un entier « accomplissement : d'abord à l'égard de Sem, non-seu- « lement par les conquêtes des Israélites, qui captivèrent « sous leur joug une partie considérable de Chanaan, et « par les exploits de Salomon, qui acheva de soumettre le « reste de ces peuples, mais encore par les expéditions « des Assyriens et des Perses, qui étaient des descendants « de Sem, et qui subjuguèrent les Chananéens sous Ké- « der-Lahomer. Ensuite, à l'égard de Japheth, par les « victoires successives des Grecs et des Romains, et parti- « culièrement par la destruction de Carthage et de l'em- « pire de Jugurtha. Et enfin, à l'égard de Sem et de « Japheth ensemble, parce que leurs descendants n'ont « jamais été sous les lois des descendants de Cham, tandis « que ceux-ci ont toujours été soumis aux premiers. »

Cette objection, qui d'ailleurs ne paraît pas devoir prendre le temps d'une réfutation, ajoute pourtant un nouveau degré de certitude à notre entente des Écritures : il faut qu'elles disent bien positivement ce que nous y trouvons, pour qu'on ne pense à nous combattre qu'en soutenant que ce qu'elles rapportent a déjà produit son effet.

D'autres rationalistes, plus avancés dans la voie du progrès, tout en reconnaissant que nous avons la véritable intelligence des livres saints, prétendant que « Moïse, « dans les 25, 26 et 27e versets de la Genèse, avait *princi-* « *palement* dessein d'encourager les Hébreux à poursui- « vre les Chananéens, puisque, selon la malédiction pro- « noncée contre eux, ils étaient assurés de les subjuguer. »

Cette opinion, qui pourrait, tout au plus, appartenir au confident intime de Moïse, s'il en a eu, est ici jetée au hasard et sans utilité ; car, même en l'adoptant, le texte des versets cités reste entier, quelle que fût l'intention principale ou accessoire de celui qui le rapporte.

Enfin des protestants nouveaux, qui disent ne vouloir des Écritures que la partie morale des évangiles, ont soutenu que la loi de grâce a révoqué les dispositions de la loi écrite quant à l'esclavage africain.

Avant de répondre à cette assertion, il est utile de reconnaître et de déterminer le rapport qui existe entre la loi écrite et la loi de grâce : en d'autres termes, entre l'Ancien et le Nouveau Testament, entre la Bible et l'Évangile, entre le mosaïsme et le christianisme.

Tout le monde sait que la foi des Juifs n'est que la préface de celle des chrétiens ; que le christianisme, né du mosaïsme, par un progrès de révélation, forme avec celui-ci une seule croyance dont les chrétiens possèdent la totalité et les Juifs seulement une partie ; que la partie conservée par les Juifs annonce et promet ce qui se vérifie et s'accomplit dans le tout appartenant aux chrétiens. Or, croira-t-on que l'Évangile, complément d'une œuvre si bien harmonisée dans toutes ses parties, puisse être hostile à la base sur laquelle il repose ? Non ; et en effet, en l'ouvrant, nous trouvons ces paroles devant lesquelles il faut s'incliner :

« Ne pensez pas que je sois venu détruire *la loi ou les*
« *prophètes;* je ne suis pas venu les détruire, mais les ac-
« complir. » (S. Matth., ch. xv, v. 17.)

Il n'est donc plus permis de douter que la loi de grâce
n'abolit point la loi écrite. Si elle ne l'abolit point pour le
tout, elle ne peut pas l'abolir pour une partie, et surtout
pour celle qui concerne la servitude. Au contraire, partout où sont rapportées celles des paroles du Sauveur qui
pourraient se rattacher à cette institution, on voit qu'il en
parle comme d'une chose simple, naturelle, ordinaire, dès
longtemps existante et qui ne doit pas cesser d'exister.

C'est ainsi, par exemple, qu'à la suite de la parabole
du bon et du méchant serviteur, il ajoute : « Le serviteur
« qui aura su la volonté de son maître et qui ne se sera pas
« tenu prêt et n'aura pas fait ce qu'il désirait de lui, *sera*
« *battu rudement;* mais le serviteur qui n'aura pas su sa
« volonté et qui aura fait des choses dignes de châtiment
« *sera moins battu.* » (S. Matth., ch. xii, v. 47 et 48.)

Je sais bien que le sens caché de ces paroles est que chacun sera jugé selon sa foi et le degré de ses lumières; mais
je crois savoir, aussi, que ce serait accuser notre divin législateur d'avoir manqué de sagesse et de discernement,
que de supposer qu'il ait choisi le sens apparent de sa
doctrine, dans un ordre de choses et d'idées qui eussent
été contraires à sa volonté et à la morale générale de l'É-
glise [1].

Indépendamment de ces motifs, et en admettant que

---

[1] « Il a guéri des esclaves à la prière de leurs maîtres, sans
« rien dire à ces maîtres qui pût faire entendre qu'ils avaient
« tort d'en avoir. » *Conférences du diocèse d'Angers;* édition
de 1830, t. 6, p. 390.

cet Évangile fût absolument muet sur ce qui concerne la loi ancienne, serait-ce une raison de penser que celle-ci n'a plus d'autorité ? — Non, bien certainement. Déjà nous avons fait observer qu'il n'était pas possible de diviser les saintes Écritures sans les détruire immédiatement; que sans le Pentateuque, et surtout sans la Genèse qui constate la nécessité de l'expiation, il n'y avait pas moyen de concevoir l'utilité de la mission du Christ, de croire à sa divinité, au mérite de sa passion et à la rédemption opérée par elle. Comment donc sans le Pentateuque croire à l'Évangile qui n'est que l'historique de cette rédemption?

Celui qui croit à la rédemption ne peut s'empêcher de croire à la Genèse; celui qui croit à la Genèse doit croire à l'Évangile. On cesse d'appartenir à la communion protestante comme à la communion catholique, dès l'instant qu'un doute peut s'arrêter dans l'esprit sur la vérité et l'autorité des saintes Écritures. La seule différence existant à leur égard entre les deux communions, est que les protestants croient avoir le droit d'interpréter celles de ces écritures qui leur semblent susceptibles d'interprétation, tandis que les catholiques croient cesser d'être orthodoxes, quand ils substituent l'orgueil de leur raison individuelle à l'entente générale de l'Église. Ainsi pour les deux croyances les textes que j'ai invoqués ont une égale autorité.

Il ne s'agit point ici de procession du père et du fils, du père par le fils, d'union hypostatique, de présence réelle, de transsubstantiation, de consubstantiation, d'impanation, de prédestination, de libre arbitre, de justice imputative, de grâce inamissible, d'ubiquité de la nature humaine du Christ, enfin de toute cette logomachie métaphysique qui fournit à la mauvaise foi ses prétextes pour élever le doute, et à l'impiété les siens pour fonder le schisme; il ne s'agit que d'un fait simple à vérifier. Trouve-t-on dans les quatre Évangiles un seul mot d'où l'on puisse induire l'ombre même d'une modification dans ce qui résulte des textes du Pentateuque relatifs à la servitude? non. Y trouve-t-on au contraire de fréquentes allusions à cette institution comme existante et devant continuer à exister? oui. Donc la loi évangélique n'a point abrogé la loi écrite sur ce point.

Jusqu'ici je n'aperçois pas que le protestantisme soit très-favorable à nos ennemis. C'est peut-être parce que nous n'avons pas encore tout consulté. Allons plus loin : interrogeons les premiers qui reçurent mission de propager les vérités évangéliques et qui les propagèrent au prix de leur sang.

Ceux-là ne peuvent manquer de lever tous les doutes qui pourraient subsister encore. Interrogeons saint Pierre, et surtout l'apôtre de la gentilité, le docteur, le maître favori de Luther. Ces deux apôtres disent, ensemble et séparément, avant de s'être connus, comme après :

« *Que chacun demeure dans l'état où il était quand Dieu* « *l'a appelé. Avez-vous été appelé à la foi étant esclave?* « *Ne portez point cet état avec peine; mais plutôt faites-en* « *un bon usage*, QUAND MÊME VOUS POURRIEZ DEVENIR « LIBRE !

« *Serviteurs, obéissez à vos maîtres selon la chair, non-* « *seulement à ceux qui sont bons, mais même à ceux qui* « *sont rudes et fâcheux, ne les servant pas seulement lors-* « *qu'ils ont l'œil sur vous, comme si vous ne pensiez qu'à* « *plaire aux hommes, mais avec simplicité de cœur et* « *crainte de Dieu.*

« *Faites de bon cœur tout ce que vous ferez, comme le*

« *faisant pour le Seigneur et non pour les hommes.*

« *Que tous ceux qui sont sous le joug de la servitude sa-*
« *chent qu'ils sont obligés de rendre toutes sortes d'honneurs*
« *à leurs maîtres, afin de n'être pas cause* QUE LE NOM ET LA
« DOCTRINE DE DIEU SOIENT EXPOSÉS A LA MÉDISANCE DES
« HOMMES [1]. »

Peut-on, en présence de prescriptions aussi claires, aussi formelles, induire autre chose, si ce n'est que l'Évangile non-seulement n'abroge point la loi écrite, mais encore que *tous ceux qui soutiennent que la morale abolit la servitude médisent de Dieu et de sa doctrine?* Peut-on induire de ces prescriptions autre chose, si ce n'est que les premiers et les vrais propagateurs et martyrs de la fo entendaient les saintes Écritures absolument comme nous les avons entendues, comme nous les entendons encore, et comme l'Église catholique les entendra toujours? Or, les protestants se disent essentiellement disciples de saint Pierre et de saint Paul; ils doivent donc entendre de la même manière; et, en effet, les vrais protestants n'entendent pas autrement.

Il n'y a que les faux protestants, cachés sous le manteau de la cinquième branche du mahométisme et sous le titre de protestants nouveaux, qui, méconnaissant les textes cités et en les retranchant de leurs *Bibles,* déclarent fonder leurs doctrines sur ce précepte : « Aimez-vous
« les uns les autres; aimez votre prochain comme vous-
« même; » préceptes qu'ils soutiennent inconciliables

---

[1] Saint Paul aux Colossiens , ch. III, v. 22 et 23 : 1re à Tim., ch. VI, v. 1 et 2; aux Éphésiens, ch. VI, v. 5, 6, 7 et 8; 1re aux Corinthiens, ch. VII, v. 20 et 21; saint Pierre, 1re ép. ch. II, v, 18 19, 20, 21, 22, 23, 24 et 25.

avec la Genèse et avec les épîtres de saint Pierre et de saint Paul. Demandez-leur sur quoi ils fondent la préférence qu'ils accordent à leurs propres lumières sur celles des apôtres, ils répondent « que ces apôtres prêchant une « religion hostile aux intérêts des sommités de la société « alors existante, ont voulu se ménager au moins le grand « nombre de païens possesseurs d'esclaves, en prescri- « vant à ces esclaves des devoirs qui n'étaient que des « concessions faites par la prudence à la politique. »

Les moins clairvoyants peuvent apercevoir ici l'intime corrélation des prétendus principes religieux des abolitionistes, avec certains principes qui se traduisent aujourd'hui par l'émeute, par l'assassinat et par des machines infernales.

En détruisant l'autorité des épîtres de saint Pierre et de saint Paul, en ce qui touche aux devoirs des esclaves, ils enlèvent d'avance cette autorité pour tout ce qui est libre. Quand donc il sera nécessaire d'expliquer le « rendez à César ce qui est à César, » on ne pourra plus dire avec saint Pierre : « Soyez soumis, pour l'amour de « Dieu, à toutes sortes de personnes, soit au roi comme « au souverain, soit aux gouverneurs comme à ceux qui « sont envoyés de sa part pour punir ceux qui font mal, « et pour traiter favorablement ceux qui font bien ; car « c'est la volonté de Dieu que, par votre bonne vie, vous « fermiez la bouche aux hommes ignorants et insensés, « étant libres, non pour vous servir de votre liberté, « comme d'un voile qui couvre vos mauvaises ac- « tions, mais pour agir en serviteur de Dieu. » Et avec saint Paul : « Soyez soumis aux princes et aux magistrats ; « *car il n'y a pas de puissance qui ne vienne de Dieu, et c'est* « *lui qui a établi toutes celles qui sont sur la terre. Celui*

« *donc qui résiste aux puissances résiste à l'ordre de*
« *Dieu*[1]. »L'autorité de ces paroles, toute-puissante qu'elle
doive être, sera éludée et repoussée comme concession
faite par la prudence à la politique.

Je ne m'étendrai pas davantage sur ce point ; d'abord, parce que s'il était permis d'attribuer une seule
lettre des saintes Écritures à des motifs humains, il serait permis de les attribuer tout entières à de semblables
causes, et dès lors, il faut le répéter, le protestantisme,
le catholicisme, le christianisme, quel qu'il soit, disparaîtrait ; ensuite, parce que saint Paul a prévu l'objection et
l'a détruite en ces termes : « Que ceux qui ont des maî-
« tres *fidèles* ne les méprisent pas, parce qu'ils sont leurs *frè-*
« *res ;* mais qu'ils les servent au contraire encore mieux,
« parce qu'ils sont *fidèles et plus dignes d'être aimés, comme*
« *participant de la même grâce : voilà ce que vous devez leur*
« *enseigner et à quoi vous devez les exhorter*[2]. » Il ne saurait plus y avoir ici l'ombre d'une concession faite par la
prudence à la politique, puisque le droit et le devoir
n'existent plus qu'entre catholiques.

Ces paroles fixent non-seulement l'opinion sur l'hérésie, à laquelle on condamne le méthodisme, pour pouvoir s'en servir, mais aussi ce qu'il faut entendre par ce
mot *frère*, dont on a tant abusé depuis cinquante ans :
on peut être, d'après les vrais catholiques, *frères* en Jésus-Christ, *frères* selon l'esprit, *frères* selon la grâce,
sans cesser d'être en même temps supérieurs et inférieurs,
maîtres ou esclaves selon la chair et dans la vie temporelle. La fraternité absolue comme l'égalité absolue

[1] Saint Pierre, ép. 1re, v. 13, 14, 15 et 16 ; saint Paul aux Romains, ch. XIII, v. 1 à 7.
[2] Saint Paul, 1re à Tim., ch. VI et V.

n'existe que devant Dieu et dans la vie éternelle. Argumenter et croire autrement, c'est judaïser, c'est appliquer à la matière ce que l'esprit réclame, c'est transférer au temps ce qui appartient à l'éternité, c'est enfin attendre encore un Messie conquérant et triomphateur.

L'exemple ordinairement fortifie le précepte. Il est donc intéressant pour la cause que je défends de rappeler les faits qui constatent l'application des doctrines fondées par et sur les saintes Écritures. Je n'en rapporterai qu'un entre mille, et saint Paul le fournira. Il lui est personnel.

Onésime était esclave d'un chrétien du nom de Philémon. Onésime était païen ou peut-être rationaliste. Il ne faut donc pas s'étonner qu'il fût un serviteur orgueilleux, indocile, infidèle. Il trompa son maître, et craignant le juste châtiment qu'il avait mérité, s'y déroba par la fuite. Heureusement il rencontra saint Paul, alors chargé de chaînes et prisonnier à Rome. Croyez-vous que saint Paul ait dit à Onésime : « La nature, la loi et la religion
« ne vous ont point fait esclave. En fuyant pour ne plus
« l'être, vous avez bien fait ; vous avez usé d'un droit
« imprescriptible. En dérobant à votre maître et votre
« prix et les sommes qu'il vous avait confiées, vous avez
« mieux fait encore ; vous l'avez ainsi contraint à une
« indemnité juste, quoique forcée, du travail que vous
« aviez jusque-là fait pour lui. J'ai à son égard, comme
« apôtre, un pouvoir spirituel *acquis de droit divin*; je
« vais lui écrire qu'il a grand tort de se plaindre, et lui
« commander, au nom de la religion, de vous émanciper,
« gratuitement, quoique ce soit mon père qui vous ait
« vendu et que votre prix ait servi à mes prodigalités,
« avant ma conversion ? »

Non, saint Paul n'imagina rien de semblable. Ce grand apôtre, quoique sa mission fût divine, ne se crut le tuteur-né de personne, pas même de ses néophytes ; il enseigna la véritable foi évangélique à Onésime et fit un saint d'un malheureux prêt à s'enrôler dans une bande de voleurs. Il le détermina à retourner au service de son maître ; et voici comment il sollicite de ce maître le pardon de l'infidélité et de la désertion de l'esclave :

« Quoique je sois tel que je suis à votre égard , c'est-
« à-dire, quoique je sois Paul et déjà vieux , et de plus
« maintenant prisonnier de Jséus-Christ, j'implore votre
« bonté pour mon fils Onésime que j'ai engendré dans
« mes liens. Il vous a été autrefois inutile, *je vous le res-*
« *titue comme un bien qui vous appartient et devant désor-*
« *mais vous servir plus utilement.* Recevez-le comme mes
« entrailles. Mettez sur mon compte ce qu'il vous doit :
« je vous le paierai. J'avais pensé à le retenir près de
« moi , afin qu'il me rendît quelques services dans les
« chaînes que je porte pour l'Évangile ; mais je n'ai
« voulu rien faire sans votre avis , *désirant que le bien que*
« *je vous propose n'ait rien de forcé, mais soit entièrement*
« *volontaire. Peut-être Dieu a-t-il permis qu'il s'éloignât*
« *quelque temps de vous* POUR REVENIR PLUS DIGNE DE VOUS
« SERVIR. » (Saint Paul à Philémon , v. 10 à 16.)

On peut l'affirmer, jamais l'application d'aucun principe n'a été ni mieux ni plus complétement faite par celui qui l'avait proclamé. Il est fâcheux que les croyances qui naissent de ces principes, croyances qui sont aussi protestantes que catholiques, ne soient point celles du rapport qui nous occupent, et j'en suis désolé pour son auteur ; car, le grand apôtre, après avoir développé toute sa doctrine quant aux esclaves dans le 6ᵉ chapitre de l'Épître à

Timothée, ajoute ces graves paroles : « *Si quelqu'un en-* « *seigne une doctrine différente de celle-ci et n'embrasse* « *pas les saintes instructions de Notre-Seigneur Jésus-* « *Christ et la doctrine qui est selon la piété,* IL EST ENFLÉ « D'ORGUEIL ET IL NE SAIT RIEN, *mais il est possédé d'une* « *maladie d'esprit qui l'emporte en des questions et des com-* « *bats de paroles d'où naissent l'envie, les contestations, les* « *médisances, les mauvais soupçons et les disputes perni-* « *cieuses.* » (Saint Paul à Tim., ch. VI, v. 3 et 4.)

Je n'argumenterai point sur ce texte, ce serait l'affaiblir ; toutefois, je vous prierai de remarquer que saint Paul, fort de sa conscience et de ses convictions, avait acquis un privilége précieux dont il savait user : c'était celui d'accoutumer, non-seulement l'oreille des rois, plus docile qu'on ne pense, mais aussi celle bien autrement dure des ambitieux, des hérésiarques et des agitateurs de tout âge, à souffrir l'accent sévère de la vérité.

Ce privilége devrait être inhérent à toute défense, sur-tout à celle du faible contre le fort, et pourtant on ose nous le contester. Et parce qu'on l'ose, quelques-uns pensent qu'il faut baisser nos fronts dans la poussière, nous couvrir de sacs et de cendres pour exciter, s'il est possible, la pitié de nos persécuteurs ! Mais vous avez montré qu'elle était loin de vous, cette dangereuse théorie de salut qui transige avec la tyrannie et pactise avec l'ini-quité ; qu'elle était loin de vous, cette fausse et flétrissante prudence qui serait un outrage à l'honneur de la première de nos deux patries, et une odieuse trahison envers le mal-heur de la seconde. Celle-ci nous a donné mission d'ar-racher le masque dont se couvrent nos oppresseurs, de faire entendre à l'univers le cri de notre juste indignation ; vous avez obéi, vous obéirez encore, vous obéirez toujours; vous remplirez ce devoir sacré de toutes les facultés de votre être, *advienne que pourra.*

Je crois pouvoir clore ici la discussion sur la troisième question posée par cette solution catégorique : le protestantisme soumis au texte positif de la Genèse, de l'Exode, de l'Ecclésiaste, des Évangiles, des Actes et des Épîtres des apôtres, n'autorise point la proposition faite à la Chambre élective et le rapport qui lui a été présenté.

IV

Mais j'admets que le protestantisme soit aussi favorable à nos ennemis qu'il l'est peu, auraient-ils davantage le droit de nous en imposer les principes ?

Quel que soit le point de vue sous lequel on veuille vous considérer, et quelle que soit la qualité qu'on veuille vous accorder, je ne puis pas penser que la négative puisse être un instant douteuse.

J'ai eu naguère l'occasion de vous faire remarquer qu'il fallait que vous fussiez ou indépendants, ou conquis, ou Français.

Si vous êtes une population indépendante, il serait par trop ridicule que la Société française pour l'abolition de l'esclavage prît à votre égard le ton et les allures de *l'East India-Company* à l'égard des Indous, ou du Comité de salut public à l'égard de ce bon peuple qu'il voulait régénérer.

Si vous êtes conquis, le moins que vous puissiez demander et qu'on doive vous accorder, c'est d'être traités sur le même pied que les Kabaïles ou les Algériens. Or, aucun d'eux n'a été contraint de renoncer ni à ses opinions religieuses, ni à ses mœurs, ni à ses habitudes d'adoption, ni à ses propriétés quelles qu'elles fussent; au contraire, le vainqueur a mis le soin le plus scrupuleux à ce que tout fût respecté, garanti, protégé. Il y a plus, celui-là même qui voulait envoyer des *méthodistes noirs ou de sang mêlé* pour faire de la propagande dans nos ateliers, a exigé qu'on interdît tout prosélytisme au clergé catholique établi dans l'évêché d'Alger. Il l'a exigé sans s'embarrasser aucunement du jugement qu'on pourrait porter sur la manière d'entendre la liberté de conscience. Cependant, s'il est un état de choses *qui déroge aux lois, aux idées, aux conditions des sociétés européennes, s'il est une institution qui soit odieuse en Europe et qui soit réellement contraire aux religions qui s'y professent,* c'est assurément la polygamie. Eh bien!... pas un seul habitant de l'Algérie n'a été contraint à vider son harem; donc on ne peut vous contraindre à renoncer à tout ce que votre religion a fondé, d'accord avec la puissance temporelle et législative, et sous la garantie de toutes les lois constitutionnelles de votre pays; on ne peut, dis-je, vous contraindre à cette renonciation sans établir entre vous et les Algériens une différence injuste, outrageante et tyrannique. Où seraient les raisons de cette différence? Serait-ce que la conquête n'aurait pas soumis la population algérienne *à la tutelle* de nos pieux et sages réformateurs? Serait-ce qu'à son égard il y aurait quelque présomption à compter *sur les forces et les lumières, ou sur les lumières et les forces?* Serait-ce que l'Algérie se trouverait *plus grande qu'une des plus grandes et des plus hautes questions morales qui se puissent agiter?* Serait-ce qu'il y aurait pour les uns plus d'or gagné, et pour les autres plus de vanités satisfaites à se faire et à se dire les correcteurs et les destructeurs de quelques milliers de colons français, que régénérateurs de plusieurs millions de fellahs et de marabouts? Serait-ce que par la bouche des Brougham et des Sligo, la politique anglaise n'aurait point encore dicté ses volontés suprêmes? Serait-ce, enfin, parce que nos pères sont nés en France, et que nous avons le malheur de n'être pas Africains? Mais aucun de ces motifs ne peut s'avouer sans impudeur, et il faudra s'étayer de quelque chose de plus digne *pour nous refuser la grâce insigne d'être traités en peuple conquis.*

Si, enfin et par hasard, on consent à voir en vous des Français, votre position devient nette et parfaitement dessinée. Depuis la célèbre déclaration du 5 août 1789 jusqu'aujourd'hui, il n'a pas été promulgué en France un seul acte constitutionnel, quel qu'il fût, qui n'ait uniformément renouvelé et maintenu, comme inviolable et sacré, le principe de la liberté de conscience. Or, nos consciences, pour le moins aussi timorées que celles de nos adversaires, loin de nous faire apercevoir une immoralité dans la possession de nos esclaves, ne nous y montrent qu'une occasion d'exercer des vertus inconnues à nos détracteurs et à la hauteur desquelles tout ce qui les entoure atteste qu'ils ne s'élèveront jamais. Donc on ne peut, sans violer le plus saint de nos droits, nous priver de nos propriétés ou seulement altérer le mode de leur possession, en accueillant la proposition faite à la Chambre élective.

Il n'est pas sans intérêt de faire observer que les principes dont nous invoquons aujourd'hui l'appui ont été

proclamés sur la demande d'un protestant : « L'honneur
« que je partage avec vous d'être député de la nation, dit
« Rabaut Saint-Étienne à la Constituante, me donne le
« droit de parler à mon tour et de dire mon avis sur la
« question qui nous occupe... Je ne cherche point à me
« défendre de la défaveur que je pourrais jeter sur cette
« cause importante, parce que j'ai intérêt à la soutenir,
« et je *ne crois pas que personne doive être suspecté dans*
« *la défense de ses droits, parce que ce sont ses droits...*
« D'ailleurs je remplis une mission sacrée, j'obéis à mes
« commettants... C'est sur vos principes que je me fonde,
« pour vous demander de déclarer dans un article que
« tout citoyen français ne doit point être inquiété pour
« sa religion... Vos principes sont que la liberté de la
« pensée et des opinions est un droit inaliénable et im-
« prescriptible. *Cette liberté est la plus sacrée de toutes;*
« elle échappe à l'empire des hommes; elle se réfugie au
« fond de la conscience *comme dans un sanctuaire invio-*
« *lable où nul mortel n'a le droit de pénétrer;* ELLE EST
« LA SEULE QUE LES HOMMES N'AIENT PAS SOUMISE AUX
« LOIS DE L'ASSOCIATION COMMUNE. *La contraindre est une*
« *injustice, l'attaquer est un* SACRILÉGE. Je ne vois aucune
« raison pour qu'une partie des Français dise à l'autre :
« Vos droits et les nôtres sont inégaux, nous sommes li-
« bres dans notre conscience, mais vous ne pouvez pas
« l'être dans la vôtre, *parce que nous ne le voulons*
« *pas.* »

Voilà comment parlaient les protestants il y a qua-
rante-neuf ans. Eh bien !.... ces mêmes protestants,
ou des gens se disant tels, veulent aujourd'hui non-
seulement abroger les lois de *l'association commune*
qui ont fondé nos droits, mais encore nous soumettre aux

caprices, à l'orgueil, aux fureurs d'une *association parti-culière*, ostensiblement vouée au service d'un intérêt, au moins étranger, s'il n'est ennemi, et poursuivant dans l'ombre un but subversif de toutes les religions connues.

Ici je dois prévenir une dernière objection. Ce ne sont pas seulement des protestants anciens, des protestants nouveaux, des abolitionistes proprement dits, qui attentent à votre liberté de conscience, ce sont encore des catholiques, qui se prétendant, pour le moins, aussi orthodoxes que les colons, affirment que le déplacement de la servitude africaine est réprouvé par la loi évangélique.

Il faut en convenir : oui, il est certaines gens qui voudraient passer pour d'excellents catholiques, qui peut-être croient encore l'être, et qui se plaisent à soutenir cette étrange thèse ; mais observez ces catholiques de nouvelle espèce, écoutez-les, ils vous diront aussi que, *dans l'intérêt du catholicisme, il est temps qu'il se réforme et se modifie suivant les exigences de l'époque, et se mette en harmonie avec l'ordre social auquel aspire le monde actuel.* Or, je vous le demande, qu'est-ce que c'est qu'un catholicisme qui se fonde sur des considérations humaines ; qui se façonne et se formule au gré des passions mondaines et des caprices de la coquetterie et de la mode?—Qu'est-ce que c'est qu'un catholicisme qui condamnerait aujourd'hui ce qu'il commandait il y a trois siècles, ce qu'il commande en France il n'y a pas plus de vingt ans, ce qu'il commandait encore en Portugal et en Espagne?—Qu'est-ce que c'est qu'un catholicisme qui, loin de donner à la société son impulsion initiale et de la diriger, devrait, au contraire, en parcourir toutes les phases et en subir toutes les vicissitudes morales? — Qu'est-ce que c'est enfin qu'un catholicisme qui serait obligé, pour se mettre en harmonie *avec l'ordre social auquel aspire le monde*, de satisfaire à la fois à toutes les hallucinations d'une société où se trouvent réunis des athées, des rationalistes, des juifs et deux cent dix-sept espèces de protestants? J'avoue que je ne le comprends pas, et que je ne crois pas pouvoir jamais le comprendre. Existe-t-il, peut-il exister de catholicisme sans unité, sans invariabilité? Les mots *catholicisme* et *réformation, modification,* ne hurlent-ils pas de se trouver accolés les uns aux autres? Et dès l'instant où la seule pensée de les rapprocher a pu traverser le cerveau, n'est-on pas devenu schismatique? ne s'est-on pas jeté corps et âme dans l'école grégorienne? Mais cette école enseigne aussi que « les rois sont dans l'ordre moral « ce que les monstres sont dans l'ordre physique; » faudrait-il, par exemple, admettre cet apophtègme au nombre des canons dogmatiques de la religion, qu'on veut donner *à l'ordre social auquel le monde aspire?* Il est très-vrai que son auteur eut, une fois, le courage de confesser la foi en notre divin rédempteur, au milieu même du troupeau de bêtes féroces, qu'autant et plus que d'autres, il s'était fait un plaisir de démuseler. Mais ne nous trompons pas sur ses motifs : s'il était certainement dans ses vœux qu'on serrât le cou du dernier roi, il ne lui convenait pas que ce fût avec les entrailles du dernier prêtre. Il voulut imposer par son énergie, et il ne se trompa point.

A la même époque il imitait l'infernal génie de Ferney dans l'art perfide de mutiler les saintes Écritures, et il en faisait sortir son accusation de Basiléolâtrie contre l'église catholique [1]. Cet homme se plaisait au contraste et tentait

<hr>

[1] Il se complait dans le texte des 9ᵐ, 10ᵉ, 11ᵉ, 12ᵉ, 13ᵉ, 14ᵉ, 15ᵉ,

l'impossible. Il s'est, toute sa vie, efforcé à concilier ce qui est inconciliable : les devoirs du saint ministère avec les égarements de l'esprit de parti. Ces derniers l'ont malheureusement toujours dominé. Son histoire des sectes religieuses en offre des preuves déplorables : dans tout le cours de cet ouvrage, d'ailleurs d'un si haut mérite, il affecte d'obéir au précepte de l'évêque d'Hippone : *Diligite homines, interfecite errores;* il frappe de sa puissante dialectique, comme d'une véritable massue, toutes les aberrations des sectes qu'il passe en revue. On ne lui voit de faiblesse, il ne se montre désarmé qu'à l'égard de celles qui mériteraient le plus d'avoir Babeuf pour grand pontife : une d'entre elles est surtout l'objet de ses plus tendres complaisances. Quand il en parle il chancèle, il est ébranlé, on le voit presque au moment de réclamer pour elle la communion *in sacris :* inutile de vous dire que c'est celle des *méthodistes noirs ou de sang mêlé.*

Mais que peuvent avoir de commun les vrais catholiques avec les doctrines de ce lévite égaré, qui, toujours aux saints devoirs du temple, aux pieuses méditations du sanctuaire, préféra le tumulte des clubs et l'agitation du

16e, 17e et 18e v. du ch. viii du ve livre des Rois dont il détourne l'application en les isolant de ce qui suit.; puis, avec la mauvaise foi la plus visible, il élude les 16e et 17e v. du ch. ix, les 1er, 23e, 24e, 25e, 26e et 27e du ch. x : les deux derniers surtout l'accablaient, parce qu'ils montrent ceux *«dont Dieu a touché le « cœur* criant *vive le roi,* et les *enfants de Bélial* commençant à « mépriser ce même roi. »* Il garda le silence le plus absolu sur les 13 premiers versets du ch. xvi qui le conduisaient à l'antipode de sa doctrine. Ce catholique si prompt à se vanter de sa foi ne voulait ni lire ni écrire: *«Je vous envoie à Isaïe de Bethléhem, car je me suis choisi un roi entre ses enfants.*

forum ? Quelle autorité peuvent avoir ces doctrines, puisqu'elles n'ont point reçu la sanction de l'Église, et que leur auteur est lui-même mort retranché de la communion romaine ? Si le maître est schismatique, comment les disciples ne le seraient-ils pas ? L'orgueil qui leur refuse la foi en la Genèse leur accorde largement celle qu'ils ont dans leur propre infaillibilité et dans la précellence de leur lumière ; mais c'est aussi l'orgueil qui fit déchoir le premier ange et le premier homme.

Ces catholiques grégoriens invoquent l'autorité des faits accomplis, et soutiennent avec une assurance qui imposerait presque aux ignorants, que le christianisme fit abolir la servitude dans toute l'Asie-Mineure, pendant les six siècles qui précédèrent l'imposture du chamelier de Médine et dans toute l'Europe, depuis la prédication de l'Évangile jusqu'aujourd'hui.

Je ne dirai pas qu'il y a dans cette assertion autant d'erreurs que de mots ; car, en l'état actuel des sciences humaines, des erreurs de ce genre ne sont plus que volontaires ; mais je dirai qu'il faut croire ses juges bien peu éclairés ou bien corrompus, et sa cause bien mauvaise pour ne pas craindre de la rendre odieuse par de semblables impudences.

Si nous n'avions pas affaire à des catholiques métis, nous n'aurions pas besoin de leur rappeler que la loi évangélique n'a eu et n'a jamais pu avoir directement en vue l'organisation physique et constitutionnelle des sociétés humaines : « Mon royaume n'est pas de ce monde, » a dit son divin auteur. Il n'est point venu enseigner aux hommes les voies par lesquelles ils pouvaient changer leur destinée temporelle ; mais celles par lesquelles *ils pouvaient la supporter* en gagnant la vie éternelle. L'impatience du joug de cette destinée temporelle est, au contraire, réputée par lui, *murmure contre la Providence*, et placée au nombre des plus graves infractions à sa morale. *Cette morale, pas plus que les dogmes auxquels elle s'applique, n'a nulle part aboli l'esclavage en principe* [1]. Cette preuve irrévocablement acquise à la discussion contre les protestants retombe ici de tout son poids contre les *grégoriens*.

Toutefois, il faut se hâter de le dire, le christianisme a eu deux influences remarquables sur la société ancienne.

La première, sur la situation des femmes. En condamnant la polygamie et le divorce, l'Évangile apprit aux hommes les égards que, pour leur propre bonheur, ils doivent à leurs mères, à leurs épouses, à leurs filles et à toutes les femmes ; mais aussi en ordonnant la soumission de la femme au mari, en refusant à la première le droit de propager la parole divine, il a placé le sexe entier en état de tutelle, et n'a certainement pas voulu de la femme libre cherchée par les Saints-Simoniens.

En disant aux esclaves : « *Supportez votre état avec ré-* « *signation* QUAND MÊME VOUS POURRIEZ DEVENIR LIBRES ; « *servez vos maîtres pour l'amour de Dieu et en vue de lui* « *plaire ;* » en disant aux maîtres : « Ne traitez point vos « esclaves avec rudesse, parce que vous avez les uns « et les autres un maître commun dans le ciel, qui n'aura « égard à la condition de personne [2], » le christianisme produisait sa seconde influence ; la résistance, le mauvais vouloir disparaissant d'une part, appelaient de l'autre la bienveillance et l'affection. La servitude perdait son caractère primitif pour prendre celui de la tutelle et du pa-

---

[1] Voyez les *Conférences du Diocèse d'Angers*, t. VI, p. 390 et 391.
[2] Saint Paul aux Corinthiens, ch. XIV, v. 34 et 35.

tronage. C'est ce caractère qu'à l'éternelle confusion de nos ennemis, nous conservons à l'institution coloniale, quoique, pour le malheur de leur prétendue prédilection, ils le leur aient fait perdre, au moins dans ses traits principaux[1].

Mais si le christianisme embellissait les rapports respectifs des maîtres et des esclaves, il était loin d'abolir l'esclavage ; l'Épître à Philémon en donne une preuve qui les renferme toutes.

On pourrait peut-être penser qu'il en fut ainsi au temps pendant lequel l'Église souffrit la persécution, et qu'il en fut autrement lorsqu'elle fut élevé avec Constantin sur le pavois impérial ; mais l'histoire est là : elle atteste, pour ceux qui veulent la lire, et non la défigurer, qu'à cette époque les prêtres, les évêques, les églises même avaient autant et plus d'esclaves que les laïcs. Constantin fonda pour eux des hôpitaux, mais il ne songea jamais à les affranchir, et surtout à les affranchir aux dépens de leurs maîtres. Plus tard, les mêmes causes produisant des effets progressifs, la servitude ne fut plus précisément de l'homme envers l'homme, mais de l'homme envers la terre. La glèbe, le vasselage en furent les conséquences, et c'est l'état où, moins l'Angleterre et la France, se sont arrêtées toutes les autres contrées de l'ancien monde.

Mais lorsque le christianisme produisait en Asie et en Europe cette émancipation lente et par cela même sûre et durable, lorsque des missionnaires catholiques se vouaient corps et biens au rachat et à la délivrance des captifs pour

---

[1] Servi, imò homines ; servi, imò contubernales : servi, imò homines amici ; servi, imò conservi... Vi delis quam omnem contuliam majores nostri servi detraxerint. Dominum patrem familiæ appellaverunt, servos familiares. (SÉNÈQUE, ch. 47.)

les rendre à la liberté, dans ces deux parties du monde, pourquoi ces mêmes missionnaires faisaient-ils acheter des captifs en Afrique pour ne faire que transporter leur esclavage en Amérique? Pourquoi des prêtres, des évêques, des corps religieux provoquaient-ils ce déplacement *au nom de l'humanité et de la charité chrétienne?* Pourquoi avons-nous eu si longtemps sous les yeux, dans la seule colonie de la Martinique, les habitations Boisville, l'Union, Saint-Jacques et Trou-Vaillant, possédées par des Jésuites, des Dominicains et des frères de la Charité [1]? Serait-ce que le christianisme aurait eu deux poids et deux mesures jusqu'à l'*heureux* avénement des abolitionistes? Non; le christianisme exécutait partout la loi, accomplissait partout les prophéties; il faisait cesser la servitude dans les deux races où elle n'avait été fondée que par cette *force qui ne se justife pas, mais qui s'ennoblit par la victoire* en même temps qu'il la maintenait en l'adoucissant dans la troisième race où elle avait été établie par la volonté éternelle. Cela est si vrai, que ce fut au moment même où la puissante parole de l'évêque de Chiappa faisait condamner par l'Université de

---

[1] Ce sont ces corporations religieuses qui ont établi la discipline qui règne encore dans nos ateliers; ce sont elles qui ont posé les principes d'ou étaient sortis l'ordre, la paix, le bonheur dans nos foyers; ce sont elles, enfin, qui ont fondé sur l'humanité et la charité l'état social le plus parfaitement adapté aux hommes et aux choses du climat; état social qu'ont pu seuls altérer les excitations incendiaires de ces ambitieux sectaires qui dans le délire de leur vanité, de leur ignorance et de leur hypocrisie, s'imaginent, ou feignent de s'imaginer, que la croix n'a jamais été plantée aux Antilles, et qu'ils arrivent les premiers, sous ses auspices, pour nous en prêcher le renversement.

Salamanque la doctrine de Sépulvéda contre l'abolition de l'esclavage indien, que ce même évêque obtint de Charles-Quint l'édit de 1522 pour l'introduction dans le Nouveau-Monde de la servitude africaine, déplacée du lieu de son origine. Ces deux effets de la même cause, effets contradictoires en apparence, mais parfaitement conséquents entre eux en réalité, expliqueraient au besoin les paroles que les *grégoriens* prêtent à l'un des Pères de l'Église qui vivait dans le quatrième siècle, et qui certes n'aurait jamais voulu avoir avec leur coryphée d'autre rapport que celui du nom. Ils prétendent que saint Grégoire de Nazianze a dit : *Je n'appelle pas richesses des esclaves nés de ma race;* et de là ils concluent que nous ne devons attacher aucun prix aux valeurs que nous ont coûtes les esclaves que leurs pères nous ont vendus. Mais si, plus éclairés sur les dogmes de la foi qu'ils croient avoir, ils eussent remarqué que saint Grégoire de Nazianze, Cappadocien, était de la race sémitique, et par conséquent de l'une des races qui n'étaient point soumises à la seconde déchéance *inabolissable*, prononcée contre celle de Cham, ils auraient compris qu'en effet saint Grégoire ne pouvait pas tenir un autre langage sans méconnaître, sans repousser les bénedictions répandues sur les siens. Il est à regretter que les *grégoriens* se soient bornés aux paroles qu'ils citent ; s'ils avaient lu avec plus de soin, ils eussent trouvé celles-ci : *Trois choses sont nécessaires à un chrétien : être chaste de corps et d'esprit,* CONSERVER SA FOI PURE, *et dire toujours la vérité,* et alors, peut-être, ils eussent renoncé à leur schisme et aux subtilités dont ils cherchent à le couvrir. Ils se seraient rappelé que ce fut par des dissidences de cette nature que l'Église fut divisée en sectes, livrée aux agitations dont ses ennemis ont si habilement profité, et dès lors ils auraient pensé qu'ils ne pouvaient se dire catholiques en fournissant le prétexte ou l'occasion au retour de semblables calamités.

Quoi qu'il en soit de l'hérésie grégorienne, de son alliance monstrueuse au rationalisme, de sa coupable prostitution à l'intérêt étranger, il n'en est pas moins certain que nul en France, que nul au monde n'a le droit de vous forcer à trouver injuste, illégal et criminel ce que votre conscience, éclairée par votre religion, trouve juste, légitime et méritoire : c'est la solution de la dernière question posée.

Je puis donc, en me résumant, dire que les abolitionistes sont, non-seulement sans religion aucune, mais qu'ils sont ennemis de toute religion ;

Qu'en supposant qu'ils en aient une, elle ne peut se trouver que parmi les deux cent dix-sept protestantes ;

Qu'aucune de celles-ci ne justifie leurs doctrines et ne sanctionne leurs desseins ; qu'ainsi, et sous tous les rapports, ils sont en état flagrant d'inexactitude réfléchie quand ils affirment que notre institution sociale est contraire à la religion ;

Qu'en admettant qu'une religion quelconque autorisât leurs actes, elle ne peut et ne doit point nous être imposée.

Mon but, en cherchant ces conséquences, n'a pas été, vous le savez, de détruire la foi par la loi, mais d'établir l'une par l'autre et l'une avec l'autre [1].

On n'a pas vu parmi nous des factieux, des calomniateurs par système, des détracteurs passionnés. Un caractère doux et peu propre aux grandes agitations, un sen-

---

[1] Saint Paul aux Romains ch. III. v. 31.

timent délicat des convenances, et, avant tout, l'amour de notre première patrie, ont toujours suffi pour nous garantir de toute résistance illégale. Longtemps, trop longtemps même, un silence dédaigneux, bien qu'expressif, a été notre seule défense ; mais aujourd'hui que tout ce qui constitue notre existence physique et morale est audacieusement menacé, il est inutile de chercher à faire naître dans le cœur de nos persécuteurs la conscience de leur immense culpabilité : ils se sont fait une âme appropriée à la noirceur de leurs desseins. Il faut prendre une résolution, quelle qu'elle soit, une résolution qui, d'une manière ou d'une autre, nous arrache à l'humiliant arbitraire, à l'exigeant orgueil, à la sordide cupidité d'une tourbe de mauvais citoyens qui spéculent sur vos larmes et votre désespoir, en attendant qu'ils puissent trafiquer du prix de votre sang *mis au rabais*.

En prenant la résolution à laquelle je vous invite, songez que ce ne sont pas seulement vos fortunes, les industries qui vous font vivre, votre titre de Français, les droits attachés à ce titre, l'existence de vos femmes et de vos enfants que vous avez à défendre, mais encore la foi de vos pères que vous avez à conserver et à transmettre pure comme vous l'avez reçue. Sur toutes choses, ne laissez point à vos ennemis le prétexte de la religion pour couvrir leur iniquité. N'ouvrez pas, pour nous-mêmes et pour cette génération qui s'élève autour de nous, l'abîme sans fond et sans bords de l'incrédulité. Rappelez-vous l'anathème prononcé contre « ceux qui sont sages à leurs « yeux et prudents en eux-mêmes; qui disent que le mal « est bien et que le bien est mal; qui donnent aux té- « nèbres le nom de lumière, et à la lumière le nom de

« ténèbres [1]. Ne vous rendez point disciples de leurs er-
« reurs : ils parlent faussement en mon nom, dit le Sei-
« gneur, je ne les ai point envoyés, je ne leur ai point
« ordonné de dire ce qu'ils disent. Et ce qu'ils disent sont
« des visions pleines de mensonges ; ils publient les sé-
« ductions et les corruptions de leur cœur [2]. »

Quel que soit le parti auquel vous vous arrêterez,
j'en subirai avec joie toutes les conséquences. Trop heureux si vous pensez qu'en cette grave circonstance j'ai,
autant qu'il était en moi, obéi au précepte : *Non sibi soli
se natum homo meminerit sed, patriæ, sed suis.*

[1] Isaïe, ch. v, v. 20 et 21.
[2] Jérémie, ch. x, v. 2 ; ch. xiv, v. 14.